ulmer

Janine Hissel | Elke Schwarzer

DAS KLEINE UNKRAUT KOCHBUCH

Über 60 Rezepte
mit Gratis-Gemüse aus dem Garten

DAS WUCHERT IM BUCH

EINSTELLUNGSSACHE UNKRAUT

Der Garten könnte ein Ort der Ruhe und Gelassenheit sein, wenn die Schnecken zur Abwechslung mal nur das Unkraut verspeisen würden und unsere Kulturpflanzen in Ruhe ließen. Stattdessen ist es leider verblüffend oft genau andersherum: Die Knoblauchsrauke oder der Rainkohl dürfen sich ungeniert im Staudenbeet tummeln, während die Schnecken achtlos an ihnen vorbei geradewegs auf den frischen Austrieb des Salomonssiegels zukriechen und ihn vertilgen. Auch im Gemüsegarten herrscht wenig Dolce Vita: Statt das Franzosenkraut zu verfrühstücken, widmen sich die wählerischen Weichtiere lieber mit Hingabe den gerade austreibenden Buschbohnen oder den frisch gesetzten Zucchini-Sämlingen, die jetzt gehörig zulegen müssen, um die Unkräuter noch zu überholen. Also müssen wir nicht nur die Schleimer, sondern auch den Ansturm der Unkräuter von unseren Lieblingspflanzen fernhalten.

Wie wäre es aber, wenn wir einfach über die Arbeitsverweigerung der Schnecken gnädig hinwegsehen und die wilden Kräuter nach dem Jäten zur Belohnung selbst aufessen? Das geht sogar erstaunlich gut und schmeckt köstlich. Haben Sie sich nicht schon lange gewünscht, alles, was im Überfluss von alleine wächst, in den Kochtopf zu werfen? Erstaunlich viele sogenannte Unkräuter, die sich ohne unser Zutun im Garten breitmachen, sind nicht nur essbar, sondern oft auch eine geschmackliche Offenbarung. Die Brennnessel zum Beispiel offeriert nussig schmeckende Samen, aber auch Blattwerk in Hülle und Fülle, das man in die Suppe werfen kann. Oder probieren Sie einmal die Vogelmiere, von der hätte man garantiert nicht gedacht, dass sie nach Mais schmeckt. Auch der Gundermann hat einen unnachahmlichen Geschmack, der kein Gemüse imitiert, sondern ganz und gar einzigartig ist.

Aber das Unkraut kann noch mehr! Es zeigt uns, wie es um unseren Boden beschaffen ist, denn im Gegensatz zu Gartenpflanzen, die wir oft gegen ihren Willen an einen bestimmten Platz zwingen, wo sie dann vielleicht gar nicht sein wollen, sucht sich das Unkraut schon von ganz allein ein passendes Plätzchen, das seinen Bedürfnissen entgegenkommt. Und so kann man sicher sein, dass dort wo die Brennnessel hockt, genug Stickstoff im Boden ist. Auch der Giersch mag keine mageren Böden. Düngen ist nicht nötig, wo diese Zeigerpflanzen wachsen. Wenn der Breitwegerich sich irgendwo breitmacht, zeigt er einen verdichteten Boden an. Den mag er gern, Gartenpflanzen aber versagen hier. Wir können die wilden Pflanzen also auch als kostenlose, essbare Bodenprobe ansehen.

Liegen im Winter die Gemüsebeete brach, sorgen harmlose kleine Unkräuter wie die Vogelmiere dafür, dass der Boden vom Regen nicht ausgewaschen und seiner Nährstoffe beraubt wird. Auch im Staudenbeet sorgt der umherwandernde Gundermann für eine dichte Laubdecke, die den Boden schützt. Regenwürmer halten sich auch lieber dort auf, wo immer mal ein welkes Blatt von einer Pflanze abfällt, das sie dann verspeisen können. Für die Bodengesundheit sind viele Unkräuter also goldrichtig.

Auch viele andere Tiere profitieren von den wilden Pflanzen. Da die Unkräuter meist nicht von weit her kommen, haben sich Insekten schon vor langer Zeit an sie anpassen können und fressen die Samen oder die Blätter. Hier ist wieder die Brennnessel ein Paradebeispiel: Die Raupen vieler schöner Tagfalter gedeihen nur auf ihrem Laub – ohne die wehrhafte Wucherpflanze gäbe es keine Tagpfauenaugen, keine Kleinen Füchse und keine Admirale. Auch die Knoblauchsrauke bleibt nicht lange allein. Der Aurorafalter legt Eier an die Blüten, seine Raupen knabbern an den Schoten. Es lohnt sich also, hier und da ein paar der Pflanzen stehen zu lassen. Dadurch wird man mit schönen Insektenbeobachtungen und prächtigen Faltern belohnt.

Und schon ist der Garten doch ein bisschen mehr ein Ort der Ruhe und Gelassenheit geworden.

Die Raupe des Aurorafalters tut so, als wäre sie auch nur eine grüne Schote der Knoblauchsrauke.

NICHT VERGIFTEN!

Wenn wir Wildkräuter im Garten ernten, hat dies einige Vorteile: Wir müssen nicht an vielbefahrenen Straßen sammeln, können Verunreinigungen durch Hunde meistens ausschließen und lernen die gängigen Kandidaten mit der Zeit gut kennen, schließlich haben wir sie schon jahrelang akribisch gejätet – man kennt sich irgendwann.

Das giftige Jakobs-Greiskraut, auch Jakobs-Kreuzkraut genannt, hat kleine gelbe Blütenkörbchen mit Zungenblüten als Ring um die kurzen Röhrenblüten in der Mitte.

Dennoch sollte man immer gut hinschauen, ob man nicht vielleicht doch einem giftigen Doppelgänger aufgesessen ist. Viele häufige Kräuter, die im Garten lästig werden, lassen sich zwar gut erkennen, doch gerade Anfänger sollten sich mit den Merkmalen vertraut machen. Die Blütenfarbe allein ist nie eindeutig, erst der Gesamteindruck lässt eine verlässliche Identifikation zu. Die Anordnung der Blätter ist ein ebenso gutes Kriterium wie die Zusammenstellung der Blüten. Die Form des Stängels sowie Form und Zahl der Stängelblätter sind auch wichtige Hinweise. Sind Laub oder Stängel behaart, sind die Blätter gegen- oder wechselständig?

Vielleicht fällt man auf der Suche nach einer Brennnessel auch einmal auf eine Taubnessel herein, was niemandem peinlich sein muss – aufgrund der verblüffenden Ähnlichkeit trägt sie schließlich ihren Namen. Hier ist die Brennwirkung der Blätter eines der wichtigen Kriterien. Wobei Taubnesseln nie giftig sind, doch wenn Sie eines der Rezepte in diesem Buch nachkochen möchten, kommt es doch auf die richtigen Zutaten an.

Auch die Größe einer Pflanze sollte man nicht zu streng nach Lehrbuch bemessen. Viele Unkräuter zeichnen sich dadurch aus, dass sie enorme Samenmengen in der Gegend verteilen, die nicht immer auf fruchtbaren Boden fallen. Manche landen einen Volltreffer und wachsen meterhoch, weil Nährstoffe und Bodenfeuchte es zulassen, andere landen auf zu trockenem Boden. Echte Unglücksraben keimen sogar in einer Pflasterfuge, was sicher der schlechteste aller Standorte ist. Hier bleiben sie deutlich hinter ihren Möglichkeiten zurück und erreichen nur eine mickrige Höhe. Da die Sommer immer trockener werden, bleiben die Pflanzen insgesamt kleiner.

Wer jedoch auch bei Dürre über sich hinauswächst und die Schwäche anderer Pflanzen bei Trockenheit auszunutzen weiß, ist das heimische Jakobs-Greiskraut. Und so kommt es auch öfter in die Gärten als früher. Es ist stark giftig, daher sollte man es nicht mit essbaren gelben Korbblütlern verwechseln. Die Blätter sind aber deutlich anders, ihr charakteristisches krauses, gezacktes Aussehen verrät die Pflanze gut. Auch bestehen die Blütenköpfe aus Röhrenblüten, die von einem Kranz aus Zungenblüten eingerahmt sind. In diesem Buch sind aber nur gelbe Korbblütler empfohlen, die ausschließlich aus Zungenblüten bestehen.
Lassen Sie also immer das Gesamtkunstwerk Pflanze auf sich wirken und vergleichen Sie akribisch alle Details. Auch Pflanzenbestimmungs-Apps sind nicht unfehlbar, daher sollten Sie eine unsichere Diagnose zur Sicherheit noch einmal mit einem Buch abgleichen.

Im Folgenden finden Sie die Top Ten der lästigen Unkräuter und Informationen dazu, wie Sie sie erkennen und loswerden. Zu jeder Art gibt es leckere Rezepte – und nachdem Sie diese nachgekocht haben, verlieren Sie vielleicht doch Ihr Herz an die ungebetenen Gartengäste.

Die gelben Blütenkörbchen der essbaren Gänsedistel bestehen nur aus Zungenblüten, es ist keine deutlich abgesetzte Mitte wie beim Jakobs-Greiskraut zu erkennen.

DIE PFLANZEN

Statt in den Supermarkt gehen wir einfach mal in den Garten und schauen, welches wilde Kraut uns von dort in die Küche begleitet – die passenden Rezepte gibt es hier dazu.

BRENNNESSEL – STICKSTOFFJUNKIE MIT SICHERHEITSSYSTEM

Urtica dioica

Die Große Brennnessel ist ihr eigener Bodyguard und macht keinen Hehl daraus, dass sie bitte nicht gegessen werden möchte. Dafür sorgen die Brennhaare, mit denen sie gekonnt auf Abwehr geht. Weidetiere lassen sie stehen und auch wir Gärtner sehen zu, dass wir gebührenden Abstand halten – eine wirklich durch und durch garstige Pflanze, sollte man meinen.

Doch die Raupen vieler Schmetterlinge wie Tagpfauenauge, Admiral, Landkärtchen und Kleiner Fuchs verspeisen die Pflanze trotz der enthaltenen Ameisensäure und freuen sich darüber, dass sie nicht mitsamt Futterpflanze im nächstbesten Rindermagen landen.

Im Garten kann die Brennnessel nicht nur wegen der unangenehmen und schmerzhaften Hautreaktion lästig werden. Die tief wurzelnde, ausdauernde Pflanze bildet einerseits große, raumgreifende Horste, zum anderen auch noch Ausläufer und lässt sich sehr schwer entfernen – wenn doch nur absichtlich gesetzte Stauden genauso gut wachsen würden. Gerade in gut mit Stickstoff versorgten Böden im Stauden- und Gemüsebeet und ganz besonders in der Nähe eines Komposters fühlt die Brennnessel sich wohl, schießt ins Kraut und den Gartenpflanzen einfach davon. Leider sind ihre Blüten auch noch denkbar unscheinbar und wirken höchstens mit Morgentau und Gegenlicht bezaubernd. Immerhin brennen die Fruchtstände nicht.

Den anderen Gartenpflanzen tut die Brennnessel nur gut, wenn sie zu einer Jauche verarbeitet und als praktischer, wenn auch geruchlich etwas befremdlich wirkender Flüssigdünger eingesetzt wird. Der Gestank verfliegt aber in kurzer Zeit.

Um Schmetterlinge in den Garten zu locken muss der Standort stimmen: Das Landkärtchen ist mit einer Brennnessel im Schatten zufrieden, die anderen mögen eher sonnige Plätze.

Schon gewusst?

Nessel ganz nützlich: Früher wurde aus der Pflanze eine Faser gewonnen, die zu Stoff gewebt wurde. Die Brennwirkung verschwand zum Glück bei der Prozedur.

Blühende Pflanze im Gegenlicht, die gegenständigen Blätter sind gut zu erkennen.

Sämling der Brennnessel.

Erkennen

- Höhe: 30–300 cm, Breite: 50–100 cm
- ausdauernde Pflanzen, die große Horste mit unterirdischen Ausläufern bilden
- zweihäusig: es gibt männliche und weibliche Pflanzen
- Stängel kantig und aufrecht wachsend
- Laub und Stängel sind mit Brennhaaren besetzt
- Blätter gegenständig, herzförmig und spitz zulaufend, mit gesägtem Rand, nicht glänzend und auf der Unterseite behaart
- Blüten unauffällig grünlich oder bräunlich, von Juli bis Oktober, die männlichen stehen aufrecht, die weiblichen hängen herab

Die berüchtigten brennenden Blätter.

Nicht verwechseln

Blühende Pflanzen können nicht verwechselt werden. Aber auch ohne Blüten sind die Pflanzen durch ihre Brennhaare stets eindeutig als Brennnessel zu identifizieren. Die Keimlinge sehen oberflächlich denen von Taubnesseln, Hopfen oder Hohlzahn ähnlich, bei genauem Hinsehen, spätestens mit einer Lupe, erkennt man aber, dass sie selbst im zarten Alter schon die typischen „Waffen“ ausgebildet haben.

Pflanzen vor der Blüte können mit Taubnesseln, Wald-Ziest und Wolfstrapp verwechselt werden, Letzterer wächst aber nur auf feuchten Böden, die anderen sind essbar.

Das Echte Herzgespann hat rosafarbene Blüten und das Laub ist in mehrere Zipfel geteilt. Die Blüten aller vom Laub her ähnlichen Pflanzen sind in jedem Fall deutlich anders und immer auffälliger. Im Zweifel einfach ganz vorsichtig zupacken, um den Brenneffekt zu spüren.

Jäten

Auf offenen Böden keimen die Samen rasch, daher sollten die weiblichen Pflanzen gejätet werden, bevor die Samen ausgereift sind. Handschuhe sind hierbei Pflicht. Eine Grabegabel hilft, einen Horst aus dem Boden zu heben, dabei werden die Ausläufer mit der Hand verfolgt und ganz langsam herausgezogen, damit nichts abreißt.
Junge Brennnesseln kann man einfach auf dem Boden liegen lassen, sie geben beim Verrotten viel Stickstoff an die Gartenpflanzen ab, ältere mit harten Stängeln werden im Kompost mürbe oder lassen sich zu Jauche verarbeiten, die ein guter Dünger ist.
Bei genug Platz im Garten sollte man immer eine Pflanze für Schmetterlingsraupen stehen lassen.

Ernten

Hat man eine weibliche Pflanze im Garten, kann man sich freuen, denn die Samen schmecken frisch von der Pflanze ebenso wie in der Pfanne geröstet. Praktisch ist, dass sie ohne Handschuhe geerntet werden können, da sie nicht brennen. Das Laub kann wie Spinat oder als Zugabe zu Eintöpfen verwendet werden. Junge Pflanzen werden komplett geerntet, bei älteren nur die obersten 2–3 Blattpaare. Die Brennhaare werden durch das Kochen oder das Walken mit dem Nudelholz unschädlich gemacht, dann ist auch ein Salat entschärft. Getrocknet vergeht die Brennwirkung ebenfalls, so ergeben die Blätter eine lang haltbare Tee-Zutat. Zu den Inhaltsstoffen gehören Eisen, Calcium und die Vitamine A und C.

Nur weibliche Pflanzen bilden Samen.

BRENNNESSEL-SCHAUMSÜPPCHEN

Das vermeintliche Unkraut macht sich hervorragend in dieser Frühlingssuppe und wird durch das Aufschäumen ganz leicht und elegant.

30 Minuten
Für 6 Portionen

5 Handvoll Brennnesselblätter | 1 Schalotte

1 EL Butter | 1 l Gemüsebrühe | 1 EL Tomatenmark

einige Dostblätter

200 ml Sahne | ½ TL Salz | 1 Prise Pfeffer | 1 Prise Chilipulver | Saft von ¼ Zitrone

- Die Brennnesselblätter mit Handschuhen waschen, trockenschleudern und grob hacken. Die Schalotte schälen und fein würfeln.
- Die Butter in einem Topf bei mittlerer Hitze schmelzen lassen, die Schalotten darin kurz andünsten, die Brennnesseln dazugeben und einige Minuten mitdünsten. Mit der Brühe aufgießen, das Tomatenmark unterrühren und die Suppe 10 Minuten auf kleiner Flamme köcheln lassen.
- Die Dostblätter waschen und trockentupfen.
- Sahne, Gewürze, Dost und Zitronensaft zur Suppe geben, mit dem Stabmixer so lang pürieren, bis sie aufschäumt, und sofort servieren.

SPAGHETTI MIT BRENNNESSEL-FRISCHKÄSESOSSE

Diese Kombination aus dem frischen, kräuterigen Geschmack der Brennnessel, dem würzigen Ziegenfrischkäse und der Zitrone zaubern mit der Pasta ein leckeres, einfaches und schnell gemachtes vegetarisches Gericht auf den Tisch.

ca. 20 Minuten
Für 4 Portionen

500 g Spaghetti

1 Schalotte | 1 Knoblauchzehe | 3 Handvoll Brennnesselblätter

2 EL Olivenöl

100 ml Milch | 150 g Ziegenfrischkäse

Salz, Pfeffer | 1 EL Zitronensaft, frisch gepresst

- Die Spaghetti in einem großen Topf in viel Salzwasser nach Packungsanleitung kochen.
- In der Zwischenzeit die Schalotte und die Knoblauchzehe schälen und fein hacken. Die Brennnesselblätter mit Handschuhen waschen, trockenschleudern und grob hacken.
- Das Olivenöl in einer Pfanne auf mittlerer Stufe erhitzen. Die Schalotte und den Knoblauch darin glasig dünsten, Brennnesseln dazugeben und unter Rühren zusammenfallen lassen.
- Milch mit Ziegenfrischkäse verrühren und erhitzen.
- Die Brennnesselmasse mit der Milch-Frischkäse-Masse pürieren, mit Salz, Pfeffer und Zitronensaft abschmecken und mit den Spaghetti servieren.

BRENNNESSEL-QUICHE

Es ist ein unglaublicher Genuss, wenn die Quiche heiß serviert wird. Sie lässt sich aber auch gut für ein Picknick vorbereiten.

ca. 1 Stunde (plus 1 Stunde Ruhezeit)
Für 6 Portionen

Für den Teig:

250 g Vollkornmehl | 100 g Butter | 100 g Frischkäse | 1 Eigelb | ½ TL Salz

Für den Belag:

8 Handvoll Brennnesselblätter | 1 Zwiebel | 1 Knoblauchzehe | 1 EL Olivenöl | 100 g Fetakäse | 3 Eier | 100 ml Milch | 100 ml Sahne | 1 TL Salz | 1 TL Pfeffer, frisch gemahlen | 1 Prise Muskatnuss | 100 g Bergkäse, gerieben

- Für den Teig Mehl, Butter, Frischkäse, Eigelb und Salz mit der Küchenmaschine zu einem glatten Teig verkneten und für mindestens 1 Stunde im Kühlschrank ruhen lassen. In der Zwischenzeit die Brennnesseln mit Handschuhen waschen, trockenschleudern und grob hacken.
- Zwiebel und Knoblauchzehe schälen, fein hacken und in einer hohen Pfanne in Öl kurz anbraten, die Brennnesseln dazugeben, unter Rühren bei mittlerer Hitze zusammenfallen lassen und den Herd ausstellen. Fetakäse zerbröseln und mit der Brennnesselmasse verrühren.
- Eier mit Milch, Sahne und den Gewürzen in einem hohen Gefäß mit dem Stabmixer vermischen und etwas aufschäumen lassen. Den Backofen auf 180 °C (Umluft) vorheizen.
- Den Teig dünn, rund ausrollen. Eine gefettete Springform oder Tarteform (28 cm) mit dem Teig belegen, mit einer Gabel mehrfach einstechen und den Rand gut nach oben andrücken, so dass eine Kante entsteht.
- Die Brennnessel- und Eiermasse darauf verteilen und im Backofen auf mittlerer Schiene 10 Minuten bei 180 °C backen, dann auf 160 °C herunterschalten, den geriebenen Bergkäse daraufgeben und nochmals 30 Minuten backen und servieren.

BRENNNESSEL-MÄUSCHEN

Diese ausgebackenen Brennnesselblätter schmecken köstlich und sind mit einem Dip serviert eine originelle Vorspeise oder ein Snack.

20 Minuten
Für 4 Portionen

50 g Weizenmehl Typ 405 | 125 ml Weißwein | 1 Prise Salz | 1 EL Rapsöl | 1–2 Eiweiß

2 Handvoll Brennnesselblätter | 50 ml Rapsöl

- Aus Mehl, Wein und Salz einen Teig rühren und das Öl untermischen. Das Eiweiß zu steifem Schnee schlagen und vorsichtig unter die Teigmasse heben.
- Die Brennnesselblätter mit Handschuhen waschen und gut trockenschleudern.
- Das Öl in einer Pfanne auf mittlerer Stufe erhitzen, die Brennnesselblätter in den Teig tauchen und in dem heißen Öl hellbraun ausbacken. Kurz auf Küchenpapier abtropfen lassen und sofort servieren.

KNUSPERSTANGEN MIT BRENNNESSELSAMEN

Mit den leicht nussig schmeckenden Brennnesselsamen sind die Knusperstangen ein leckerer, herzhafter Snack, der bei jeder Party gut ankommt und am besten frisch serviert wird.

ca. 45 Minuten
Ergibt 24 Stangen

1 Rolle Blätterteig (aus der Kühltheke) | Backpapier | 1 Eigelb | 2 EL Milch

3 EL Brennnesselsamen | 1 TL Meersalz | 50 g Bergkäse, gerieben

- Den Blätterteig auf Backpapier ausrollen und zusammen mit dem Backpapier auf eine große Arbeitsfläche legen. Backofen auf 200 °C (Ober-/Unterhitze) vorheizen. Das Eigelb mit der Milch verquirlen.
- Brennnesselsamen in einer Pfanne ohne Fett bei mittlerer Hitze anrösten – das geht sehr schnell. Sobald es nach Röstaromen duftet, die Samen in eine kleine Schüssel füllen und mit dem Salz und dem geriebenen Bergkäse vermischen.
- Den Blätterteig mit der Hälfte der Ei-Milch-Mischung bepinseln und die Hälfte der Samenmischung darüberstreuen. Mit dem Pizzaroller erst in 12 Streifen schneiden und dann nochmals längs teilen, sodass 24 Streifen entstehen.
- Jeden Streifen verzwirbeln, mit der restlichen Ei-Milch-Mischung bepinseln und die Samenmischung darüberstreuen. Im Backofen auf der mittleren Schiene 15–20 Minuten backen und sofort servieren.

ENERGY-BALLS MIT BRENNNESSELSAMEN

Eine tolle Kombination aus Trockenfrüchten, einem Hauch Zitrone und unserem regionalen Superfood, den Brennnesselsamen. Die Kugeln sind ein leckerer Snack und halten sich im Kühlschrank ungefähr 2 Wochen.

ca. 20 Minuten
Ergibt 15 Kugeln

3 EL Brennnesselsamen

½ unbehandelte Zitrone

100 g Datteln, getrocknet | 100 g Aprikosen, getrocknet | 1 EL Haferflocken | 1 TL Honig

- Die Brennnesselsamen in einer Pfanne ohne Fett bei mittlerer Hitze anrösten – das geht sehr schnell. Sobald es nach Röstaromen duftet, die Samen auf einen Teller schütten.
- Etwas Schale von der halben Zitrone abreiben und den Saft auspressen.
- Die getrockneten Früchte sehr fein schneiden und mit den restlichen Zutaten, bis auf die Brennnesselsamen, gut vermischen.
- Aus dieser Masse mit nassen Händen ungefähr walnussgroße Kugeln formen, in den Brennnesselsamen wälzen und genießen.

DOST – WÜRZKRAUT UND INSEKTENMAGNET

Origanum vulgare

Der ursprünglich aus dem Mittelmeerraum stammende Dost, auch Oregano genannt, würde es sicher nicht gerne sehen, wenn er als Unkraut bezeichnet würde, immerhin ist er bei vielen Insekten die erste Adresse und im Kräuterbeet hat er einen Stammplatz. Allerdings haut er von dort auch gerne ab und sät sich quer durch den Garten aus. Da er im Sommer recht hoch und ausladend wird, kann seine Gegenwart für zarte Nachbarpflanzen dann durchaus existenzgefährdend sein.
Immerhin verträgt er Trockenheit und Nährstoffarmut gut, wenn er nicht auf allzu sandigem Boden mit viel Wurzelkonkurrenz wachsen muss. Eigentlich ist er ein Sonnenanbeter, aber er gibt sich auch mit Halbschatten oder noch weniger Licht zufrieden. Die Blütenfarbe rangiert von fast weiß bis hübsch rosa, die Kelchblätter färben sich bei besonders adretten Exemplaren lila, was einen bunten Eindruck mit Fernwirkung schafft. Verfehlen kann man den Dost zur Blütezeit sowieso nicht, weil sich Hummeln, Schmetterlinge, Wild- und Honigbienen an ihm tummeln.
Uns betört er mit seinem würzigen Duft, der uns gleich an Pizza denken lässt – seine aromatischen, duftenden Blätter sind der Inbegriff vom sonnigen Süden. Kein Wunder, dass der Gewöhnliche Dost als alte Heilpflanze gegen Appetitlosigkeit eingesetzt wurde – wer würde bei diesem Aroma nicht sofort an Essen denken? Trotz seines südländischen Temperaments ist die Pflanze aber vollkommen winterhart und sogar wintergrün. Selbst in luftigen Höhen im Balkonkasten lässt er sich nicht unterkriegen. Auf der Terrasse tauchen seine Sämlinge blitzschnell in sämtlichen Töpfen auf, sodass es an diesem gewitzten Würzkraut nie mangelt.

Schon gewusst?

Auf mageren Standorten ist der Dost eher mickrig, bei genügend Nährstoffen im Boden wächst er zu einer ansehnlichen Staude heran.

Dost ist ein Schmetterlingsmagnet: Hier saugt ein Schornsteinfeger (*Aphantopus hyperantus*) Nektar auf der Blüte.

Die weiß blühende Form des Dost.

Erkennen

- Höhe: 20–70 cm, Breite: 30 cm
- Staude
- Blätter gegenständig, stark duftend und leicht behaart
- wintergrüne, grundständige Blättchen, die kleiner sind als die Stängelblätter
- weiße bis rosafarbene Lippenblüten, Kelchblätter kontrastreich violett gefärbt oder grün
- blüht von Juli bis September
- die Blüten sind in einer Scheinrispe am Stängelende angeordnet, der Blütenstand verzweigt sich an der Spitze
- die Stängel werden im Sommer braun und holzig

Der Wirbeldost hat dunklere Blüten.

Nicht verwechseln

Ähnlichkeit besteht mit dem verwandten Majoran, der aber kugelige Blütenstände hat, und ebenso nutzbar ist. Thymian ist ähnlich, aber viel kleiner. Auch manche Bergminzen wirken auf den ersten Blick wie ein Dost, die Blütenstände sind jedoch lang gestreckt. Die Kleinblütige Bergminze (*Calamintha nepeta*) hat weiße Blüten, die nicht an der Spitze des Stängels angeordnet sind wie beim Dost, sondern über den ganzen Stängel verteilt. Dies trifft auch auf die Großblütige Bergminze (*C. grandiflora*) zu, die rosafarbene Blüten hat. Ähnlich ist auch der Wirbeldost (*Clinopodium vulgare*), der sich aber selten in Gärten verirrt. Er hat größere Blüten. Die Grannenlose Scheinbergminze (*Pycnanthemum muticum*) aus Nordamerika wird immer öfter als Zierstaude gepflanzt und ähnelt dem Dost, die Hochblätter, die die Blüten umgeben, sind aber silbrig behaart. Alle genannten Pflanzen sind würzig und ungiftig, so dass keine Gefahr bei Verwechslungen besteht.

Jäten

Der Dost wird hauptsächlich durch seine reichliche Selbstaussaat lästig, daher wird er am besten direkt nach der Blüte zurückgeschnitten. Zum Jäten nimmt man den Spaten oder die Hacke. Da die Pflanze nicht allzu tief wurzelt, lässt sie sich ohne viel Kraftaufwand entfernen. Die verholzten Stängel sind sehr stabil. Versucht man, sie eben mal schnell abzubrechen anstatt die Schere zu nehmen, hat man dummerweise meistens die Pflanze samt Wurzeln herausgerissen, was sich aber auch als Methode zum Jäten eignet.

Ernten

Die Blätter lassen sich frisch oder getrocknet verwenden, sie ergeben das typische Pizzagewürz, passen aber auch gut zu Tomatensaucen oder Salaten. Vor der Blüte geerntet sind sie am aromatischsten.
Doch auch die Triebspitzen mit den Blüten sind nutzbar, sie schmecken sogar noch würziger als die Blätter. Sie sehen in Salaten oder im Kräuterquark dekorativ aus.
Die verholzten Stängel machen sich in Suppen nützlich, wo sie einfach mitgekocht und vor dem Servieren entfernt werden. Sie sind so stabil, dass sie sich auch für aromatische Gemüsespieße auf dem Grill eignen. Bis in den Herbst hinein kann man sie verwenden.

Die wintergrünen Blätter im Frühjahr.

WILDE, WÜRZIGE KRÄUTERFLÄDEN

Liebhaber von pikantem Hefegebäck werden diese Kräuterfläden lieben.

ca. 45 Minuten (plus insgesamt 45 Minuten Ruhezeit)
Für 6 Portionen

250 g Dinkelmehl Typ 630 | 1 Prise Rohrzucker | 1 gestrichener TL Salz | 20 g Hefe | 125 ml Wasser, lauwarm

30 g Butter | 100 g Schinkenwürfel

2 Handvoll Dostblätter | 125 g Champignons | 100 g Emmentaler Käse (am Stück)

75 g Crème fraîche | je 1 Prise Salz, Pfeffer, Paprika

- Das Mehl mit Zucker und Salz in einer Schüssel mischen, in die Mitte eine Mulde drücken, Hefe hineinbröckeln, mit dem lauwarmen Wasser und etwas Mehl verrühren, mit einem Handtuch abdecken und 15 Minuten an einem warmen Ort gehen lassen.
- Die Butter schmelzen, mit den Schinkenwürfeln zum Vorteig geben und alles zuerst mit den Knethaken des Handrührgerätes und dann mit den Händen zu einem glatten Teig kneten, zugedeckt nochmals 30 Minuten gehen lassen.
- Dost verlesen, waschen, trockenschleudern und fein hacken, Champignons putzen und in Scheiben schneiden, Käse reiben. Backofen auf 200 °C (Ober-/Unterhitze) vorheizen.
- Den Hefeteig in 6 gleich große Stücke teilen, zu Kugeln formen, auf ein mit Backpapier ausgelegtes Backblech legen und zu flachen Fläden drücken.
- Crème fraîche mit Salz, Pfeffer, Paprika und Dost verrühren und die Fläden damit bestreichen, mit den Champignonscheiben belegen und den geriebenen Käse darauf verteilen. Im Backofen auf mittlerer Schiene ca. 30 Minuten backen und lauwarm genießen.

LAUWARMER ZUCCHINI-SALAT MIT DOST

Dieser Zucchini-Salat hat einen unvergleichlichen Geschmack nach Sommer – dank des mediterran anmutenden Dost-Aromas.

ca. 20 Minuten
Für 4 Portionen

100 g Baby-Blattspinat | 4 Zucchini

125 g Cashew-Kerne, gesalzen | 4 EL Rapsöl | Salz, Pfeffer

1 Handvoll Dostblätter | 5 EL Weißwein-Essig

200 g Fetakäse

- Den Spinat putzen, waschen und trockenschleudern. Zucchini waschen, die Enden abschneiden und mit einem Sparschäler in lange Streifen schälen.
- Cashew-Kerne in einer Pfanne ohne Fett bei mittlerer Hitze rösten, in ein Schälchen umfüllen und 2 EL Öl in der Pfanne erhitzen. Die Zucchini-Streifen darin portionsweise unter Rühren kräftig anbraten, mit Salz und Pfeffer würzen und in eine Schüssel geben.
- Dostblätter waschen, trockenschleudern und fein hacken, Essig mit dem Dost verrühren, mit je einer Messerspitze Salz und Pfeffer würzen, 2 EL Öl unterrühren.
- Fetakäse zerbröseln, mit Dressing, Spinat und Cashew-Kernen über die Zucchini geben, vermengen und servieren.

HÄHNCHENBRUSTFILET MIT KRÄUTERKRUSTE

Die würzige Kräuterkruste macht das Hähnchenbrustfilet zu einer Köstlichkeit. Servieren Sie dazu einen frischen Salat und Baguette.

ca. 60 Minuten
(plus 3 Stunden Ruhezeit)
Für 4 Portionen

100 g Weißbrot |
1 Knoblauchzehe |
50 g Bergkäse (am Stück)

2 Handvoll Dostblätter |
50 g Butter

4 Hähnchenbrustfilets |
3 EL Rapsöl

- Das Weißbrot von der Kruste lösen und das Innere in kleine Würfel schneiden. Die Knoblauchzehe schälen und grob hacken, den Bergkäse reiben.
- Den Dost waschen und trockenschleudern, mit der Butter, dem Käse, der Knoblauchzehe und dem Brot mit einem Stabmixer pürieren, auf Frischhaltefolie ½ cm dick verstreichen und auf einem Tablett für 3 Stunden in den Kühlschrank stellen. Den Backofen auf 200 °C (Ober-/Unterhitze) vorheizen.
- Die Hähnchenbrustfilets in einer Pfanne in 2 EL Öl rundum anbraten und in eine gefettete Auflaufform geben.
- Die Kräuterpanade stückeweise auf die Hähnchenbrustfilets legen. Die Filets im Backofen 30 Minuten überbacken und servieren.

PIKANTES KRÄUTER-MÜRBETEIG-GEBÄCK

Eine pikant abgeschmeckte Kleinigkeit, die als Mitbringsel ebenso gut ankommt wie zu einem Glas Wein.

ca. 30 Minuten
(plus 1 Stunde Ruhezeit)
Ergibt 1 Backblech Gebäck

2 Handvoll Dostblätter |
70 g Parmesankäse

120 g Weizenmehl Typ 405 |
½ TL Salz | ¼ TL Pfeffer |
60 g Butter

1 Eigelb

- Den Dost verlesen, waschen, trockenschleudern und die Hälfte sehr fein hacken. Die restlichen Blätter zur Seite stellen. Den Parmesankäse reiben.
- Mehl, Parmesan, gehackten Dost, Salz und Pfeffer in eine Schüssel geben, die Butter in Stücken dazugeben und mit dem Handrührgerät kurz zu einem krümeligen Teig verarbeiten.
- Den Teig mit den Händen zu einer Kugel formen, in Frischhaltefolie wickeln und im Kühlschrank 1 Stunde ruhen lassen. Backofen auf 200 °C (Ober-/Unterhitze) vorheizen.
- Den Teig ungefähr ½ cm dick ausrollen, mit einem Kreisausstecher Kekse ausstechen und auf ein mit Backpapier ausgelegtes Backblech legen.
- Das Eigelb verquirlen, auf die Kekse pinseln, mit jeweils einem Dost-Blättchen belegen.
- Im Backofen auf mittlerer Schiene ungefähr 10 Minuten backen, bis sie gerade so anfangen, an den Rändern blass zu bräunen. Abkühlen lassen und bis zum Servieren in eine Keksdose legen.

PILZ-BRUSCHETTA MIT DOST

Eine interessante Kombination aus einer herbstlichen Bruschetta mit dem frischen, mediterranen Touch von Tomate und Dost.

ca. 15 Minuten
Für 4 Portionen

200 g Pilze (z. B. Waldpilze, Kräuterseitlinge, Champignons) | 8 Kirschtomaten | 1 Handvoll Dostblätter

4 Scheiben Roggenbrot | 1 Knoblauchzehe | 8 Scheiben Emmentaler Käse

2 EL Butter | Salz, Pfeffer

- Die Pilze putzen und in Scheiben schneiden, die Kirschtomaten waschen und halbieren, den Dost verlesen, waschen, trockenschleudern und fein hacken.
- Die Brotscheiben halbieren und kurz auf kleiner Stufe toasten, die Knoblauchzehe schälen und halbieren und damit die getoasteten Brotscheiben einreiben, mit je 1 Scheibe Käse belegen und im Backofengrill bei 200 °C ca. 5 Minuten grillen, bis der Käse etwas geschmolzen ist.
- Die Knoblauchzehen-Hälften fein hacken.
- Die Butter in einer Pfanne erhitzen und die Pilze darin anbraten, nach einigen Minuten Tomaten, Knoblauch und Dost dazugeben und weitere 2 Minuten bei mittlerer Hitze braten. Mit Salz und Pfeffer würzen, auf den gegrillten Käse-Brotscheiben verteilen und servieren.

WILDE GEMÜSE-TATAR-PFANNE

Die wilde Variante der Hackfleisch-Reispfanne ist ein unvergleichlich würziger Genuss, sie ist schnell zubereitet und hat das Zeug zum Lieblingsgericht.

ca. 20 Minuten
Für 4 Portionen

200 g Langkornreis | 1 TL Salz

1 Knoblauchzehe | 1 Zwiebel | 1 Handvoll Dostblätter

1 EL Rapsöl | 400 g Rindertatar

1 Stange Lauch | 250 g Champignons

3 EL Frischkäse | Salz, Pfeffer

- Den Reis nach Packungsanweisung in Salzwasser garen.
- Knoblauchzehe und Zwiebel schälen und fein hacken. Den Dost waschen, trockenschleudern und fein hacken.
- Öl in einer Pfanne erhitzen und das Tatar darin 3–4 Minuten bei mittlerer Hitze anbraten, Knoblauch und Zwiebel dazugeben, verrühren und mit dem Tatar weiterbraten, bis es rundum gebräunt ist.
- Lauch und Champignons putzen, klein schneiden, zum Fleisch geben und ca. 10 Minuten weitergaren.
- Den gegarten Reis, den Frischkäse und den Dost dazugeben, kräftig mit Salz und Pfeffer würzen und servieren.

FRANZOSENKRAUT – PFLANZE MIT K(N)ÖPFCHEN

Galinsoga parviflora, G. ciliata

Die allerwinzigsten Blüten-Knöpfchen – wie kleine Spiegeleier – zeigt das Franzosenkraut, das auch Knopfkraut genannt wird. Und wie auf Knopfdruck erscheint es auch garantiert dort, wo wir es gerade nicht haben wollen. Am häufigsten sieht man das Behaarte Franzosenkraut (*Galinsoga ciliata*). Seine sehr ähnliche, weniger hübsche Schwester, das Kleinblütige Franzosenkraut (*G. parviflora*), ist seltener und hat sogar – man mag es kaum glauben – Blüten, die noch unscheinbarer sind. Dabei hat das einjährige Kraut aus Südamerika seine steile Karriere sogar in botanischen Gärten begonnen, wo es durchaus mit voller Absicht kultiviert wurde, sich dann aber in Eigenregie auf eine erfolgreiche Tournee durch ganz Europa begeben hat.

Seitdem taucht es ungefragt in Gärten, Blumenkübeln, auf Ackerboden oder einfach am Straßenrand auf und schon ist es ein bisschen zu viel des Guten. Vor allem in die frischen Ansaaten von Sommerblumen oder Blumenwiesen lädt sich das Franzosenkraut einfach selbst ein und wird am Anfang noch gar nicht bemerkt, hat aber schon längst seinen Platz reserviert und die mit Absicht gesäten Pflanzen in Bedrängnis gebracht. Am liebsten haben die Pflanzen stickstoffreichen Lehmboden, das Kleinblütige Franzosenkraut hat einen Hang zu mehr Sand im Boden.

Als Insektenmagnet ist die Pflanze nicht gerade bekannt, aber sehr kleine Wildbienen oder Schwebfliegen kann man manchmal an den Blüten beobachten.

Die Blätter des Franzosenkrauts sind äußerst frostempfindlich. Dies kann man sich zunutze machen, um den richtigen Zeitpunkt zum Einräumen der Kübelpflanzen nicht zu verpassen.

Schon gewusst?

Die Landnahme des Krauts fiel zeitlich mit den Feldzügen Napoleons zusammen, so entstand der Name Franzosenkraut, obwohl die Pflanze Europa ganz ohne militärische Hilfe erobert hat.

Fünf kleine weiße Blütenblätter umrahmen die gelben Zungenblüten.

Sämling des Franzosenkrauts.

Erkennen

- Höhe: 20–80 cm, Breite: 20–40 cm
- einjährig, bildet im Sommer schnell mehrere Generationen aus
- stirbt bei Frost ab, die Samen überwintern
- Blätter gegenständig, beim Behaarten Franzosenkraut gezähnt und spitz, beim Kleinblütigen mit glattem Blattrand und nicht behaart
- rundliche Korbblüten von nur 5 mm Durchmesser, mit 5 weißen Zungenblüten und einem gelben Knöpfchen aus Röhrenblüten
- blüht ab Juni durch bis zum Frost
- schwarze Samen mit weißen Flugschuppen, im Ganzen aufgebaut wie ein Federball

Die Pflanzen bilden unzählige Blüten.

Nicht verwechseln

Wenn sich erst einmal die Blüten gebildet haben, kann man das Franzosenkraut eindeutig erkennen. Die beiden Arten voneinander zu unterscheiden ist nicht nötig, beide sind essbar.

Im Jugendstadium kann man sie durchaus mit einigen Sommerblumensämlingen verwechseln: Hat man den Werdegang des Franzosenkrauts noch nicht so eingehend verfolgt, können die Sämlinge eine gewisse Ähnlichkeit mit den Jungpflanzen vom Honigmelonen-Salbei, Sonnenhut oder Sonnenblumen haben. Auch andere Wildkräuter, wie Hohlzahn, Ampfer oder Schwarzer Nachtschatten können als Keimlinge Verwirrung stiften. Den Jungpflanzen des schönen Leberbalsams sehen die jungen Franzosenkräuter allerdings so verblüffend ähnlich, dass man selbst nach langjähriger Bekanntschaft noch auf das einjährige Unkraut hereinfällt. Daher etwaige Wackelkandidaten immer zur Blüte kommen lassen, bis man das Franzosenkraut an seinen winzigen Spiegeleiblüten sicher erkannt hat.

Jäten

Nach dem erfolgreichen Erkennen der Blüten am besten schnell raus damit, denn das Franzosenkraut ist äußerst fruchtbar und hinterlässt mit Sicherheit Unmengen an Nachkommen, wenn es nicht vor der Samenreife herausgezogen wird. Rechtzeitig gejätet muss die Pflanze im nächsten Jahr immerhin erneut einwandern und man hat sie ein bisschen ausgebremst. Da die Pflanzen sehr früh in die Samenproduktion einsteigen, sollten sie beim ersten Anzeichen einer Blüte rasch entfernt werden. Die Pflanzen können einfach herausgezogen werden, es besteht keine Gefahr, dass ein Wurzelrest wieder austreibt. Im Gemüsebeet hilft eine Unkrauthacke, um die Pflanzen zwischen den Gemüsereihen rückenschonend zu beseitigen.

Ernten

Bis auf die recht zähen Stängel kann die ganze Pflanze verwertet werden, am besten eignen sich die Blätter für die Küche. Sie enthalten viel Eisen, Calcium, Kalium, Vitamin A und C und lassen sich zu Salaten, Smoothies, Suppen oder wie Spinat zubereiten. Der Geschmack ähnelt dem von Pflücksalat, mit einer würzigen Note. Getrocknet sind die Blätter lange haltbar, so kann ein Vorrat für die kalte Jahreszeit angelegt werden.

Die Knospen und Blüten passen zu Rohkost-Salaten. Haben sich doch einmal Samen gebildet, lassen sie sich für den Winter sammeln und auf der Fensterbank antreiben, um Keimlinge für den Kräuterquark zu haben.

Fruchtstände mit winzigen federballähnlichen Früchten.

RINDERGULASCH MIT FRANZOSENKRAUT

Ein klassisches Rindergulasch, das durch das Franzosenkraut ein besonders köstliches Aroma bekommt. Mit Reis oder Nudeln als Beilage ist die Mahlzeit perfekt.

ca. 3 Stunden
Für 4 Portionen

800 g Rindergulasch

2 Zwiebeln | 1 Knoblauchzehe | 2 Möhren

3 EL Rapsöl

3 Handvoll Franzosenkraut

1 TL Salz | ½ TL Pfeffer | 1 Prise Piment d'Espelette (alternativ Chilipulver) | 1 EL Balsamico-Essig | 250 ml Rinderfond | 1 Dose passierte Tomaten (600 g)

- Das Gulasch abspülen und trockentupfen.
- Die Zwiebeln schälen und in feine Streifen schneiden. Den Knoblauch schälen und fein hacken. Die Möhren schälen und würfeln.
- Das Öl in einem breiten Topf erhitzen und das Fleisch darin von allen Seiten kräftig anbraten, Zwiebeln, Knoblauch und Möhren zugeben und weitere 5 Minuten mitbraten.
- Das Franzosenkraut verlesen, waschen, trockenschleudern, zähe Stängel entfernen und das Kraut grob hacken. 1 EL für das Topping zurückstellen.
- Das Gulasch mit Salz, Pfeffer und Piment d'Espelette würzen, Knoblauch und Franzosenkraut dazugeben, mit Essig und Rinderfond ablöschen, passierte Tomaten dazugeben, umrühren und zugedeckt 2,5 Stunden bei geringer Hitze köcheln lassen. Ab und zu umrühren und bei Bedarf etwas Flüssigkeit (Fond oder Brühe) hinzufügen.
- Das Gulasch mit Salz und Pfeffer abschmecken, in eine große Schüssel umfüllen, mit dem restlichen Franzosenkraut garnieren und servieren.

Tipp ★

Das Franzosenkraut können Sie auch durch Giersch, Rainkohl oder Spitzwegerich oder durch eine Mischung dieser Wildkräuter ersetzen.

WILDKRÄUTER-RISOTTO

Wer seinen Gästen etwas Besonderes servieren möchte, sollte unbedingt dieses Risotto probieren. Der italienische Klassiker wird durch das Franzosenkraut zu einer aromatischen und sehr frischen Variante.

ca. 30 Minuten
Für 4 Portionen

750 ml Gemüsebrühe

1 Zwiebel | 1 EL Butter | 1 EL Olivenöl | 350 g Risotto-Reis | 125 ml Weißwein

½ unbehandelte Zitrone | 2 Handvoll Franzosenkraut

Salz, Pfeffer

50 g Parmesankäse | 1 EL saure Sahne

- Die Gemüsebrühe in einem Topf erhitzen und warm halten.
- Die Zwiebel schälen und fein hacken, in einem flachen Topf in Butter und Öl andünsten, den Reis dazugeben und unter Rühren glasig dünsten, mit Weißwein ablöschen. Ohne Deckel zum Kochen bringen und bei schwacher Hitze ca. 20 Minuten garen. Den Reis immer wieder umrühren und, sobald die Flüssigkeit fast verdunstet ist, nach und nach heiße Gemüsebrühe dazugießen.
- Die Schale der halben unbehandelten Zitrone abreiben. Das Franzosenkraut verlesen, waschen, trockenschleudern, zähe Stängel entfernen und das Kraut fein hacken.
- Den Reis mit Salz, Pfeffer und der Zitronenschale abschmecken und in eine Schüssel umfüllen.
- Den Parmesankäse reiben, mit dem Franzosenkraut und der sauren Sahne unter den Reis heben und servieren.

NUDELSALAT MIT FRANZOSENKRAUT

Dieser Nudelsalat schmeckt sowohl warm als auch kalt sehr aromatisch und durch das Franzosenkraut, das im Geschmack an Schnittsalat erinnert, sehr frisch.

ca. 20 Minuten
Für 4 Portionen

400 g Farfalle

1 Knoblauchzehe | 1 EL Balsamico-Essig, weiß | 6 EL Olivenöl | 1 Prise Rohrzucker | Salz, Pfeffer

200 g Kirschtomaten | 1 Handvoll Franzosenkraut

- Nudeln (Farfalle) nach Packungsanleitung bissfest kochen, abschütten und in eine Salatschüssel füllen.
- Knoblauch schälen und fein hacken, mit Essig, Öl, Zucker, Salz und Pfeffer zu einem Dressing vermischen und unter die Nudeln mischen.
- Tomaten waschen und halbieren. Das Franzosenkraut verlesen, waschen, trockenschleudern, zähe Stängel entfernen und das Kraut fein hacken. Mit den Tomaten zu den Nudeln geben, umrühren und servieren.

HERBSTLICHES SCHMORGEMÜSE MIT FRANZOSENKRAUT

Dieses bunte Schmorgemüse ist nicht nur für den Gaumen, sondern auch für das Auge ein Genuss. Es kann als vegetarisches Hauptgericht oder als Beilage auf den Tisch gebracht werden.

ca. 45 Minuten
Für 4 Portionen

1 Süßkartoffel | 5 Möhren | 2 Rote Beten, vorgegart

3 rote Zwiebeln | 2 Knoblauchzehen | 2 Handvoll Franzosenkraut

4 EL Olivenöl | Salz, Pfeffer

50 g Haselnusskerne | 150 g Fetakäse | 100 g Trauben

- Den Backofen auf 200 °C (Ober-/Unterhitze) vorheizen.
- Die Süßkartoffel schälen und in Spalten schneiden. Möhren schälen und längs halbieren. Die vorgegarte Rote Bete abtropfen lassen und vierteln.
- Die Zwiebeln schälen und vierteln, Knoblauchzehen schälen und fein hacken. Das Franzosenkraut verlesen, waschen, trockenschleudern, zähe Stängel entfernen und das Kraut grob hacken.
- Die Fettpfanne des Backofens mit dem Öl einfetten, das Gemüse und das Franzosenkraut darauf verteilen und mit dem restlichen Öl beträufeln. Salzen und pfeffern und im Backofen auf mittlerer Schiene 30 Minuten backen.
- Die Haselnüsse hacken und in einer Pfanne ohne Fett rösten. Den Fetakäse zerbröseln, Trauben waschen und trocknen.
- Das gebackene Gemüse mit Nüssen, Fetakäse und Trauben bestreuen und servieren.

ROTES WILDES PESTO

Durch die großartige Kombination von würzigen und frisch schmeckenden Zutaten verleiht dieses Pesto nicht nur Nudeln Pep. Versuchen Sie es auch mal als Brotaufstrich.

ca. 15 Minuten
Für 6 Portionen

2 Handvoll Franzosenkraut | 1 Knoblauchzehe | 50 g Parmesankäse

50 g Sonnenblumenkerne | 120 ml Olivenöl | 1 EL eingelegte getrocknete Tomaten

1 Prise Rohrzucker | ½ TL Salz | 1 Prise Pfeffer

- Das Franzosenkraut verlesen, waschen, trockenschleudern, zähe Stängel entfernen und das Kraut grob hacken. Knoblauch schälen und grob hacken. Den Parmesankäse reiben.
- Die Sonnenblumenkerne mit dem Öl in ein hohes Gefäß füllen und mit dem Stabmixer zerkleinern, Franzosenkraut, Knoblauch, Parmesan und eingelegte Tomaten dazugeben und pürieren, bis eine homogene Masse entstanden ist.
- Mit Zucker, Salz und frisch gemahlenem Pfeffer abschmecken und bis zum Servieren kühl stellen.

GIERSCH – PETERSILIEN-AROMA FREI HAUS

Aegopodium podagraria

Wie man ein Gespräch zum Thema Garten erfolgreich anfängt? Einfach mal das Wort Giersch fallen lassen, schon entbrennt eine Diskussion, die durchaus emotionsgeladen ist. Kein Unkraut polarisiert so wie er – die einen freuen sich über das kostenlose, mühelose Gemüse, die anderen haben so viel davon, dass sie nie dagegen anessen können. Ganz Mutige haben sogar Gartenecken, in denen sich der Giersch so richtig austoben darf, weil er ganz von alleine einen prima Bodendecker abgibt und die Sämlinge anderer Unkräuter unter Kontrolle hält.

Der Doldenblütler mit den hübschen weißen Blüten und den großen Blättern kann tatsächlich auf ausreichend feuchten, nährstoffreichen Böden eine so dichte Monokultur bilden, dass andere Pflanzen kaum noch eine Chance haben – der wuchernde Gierschlund reißt sich alles unter den Nagel. Unter Hecken stört er nicht weiter, doch im Stauden- und Gemüsebeet haben es Sämlinge und zarte Kulturpflanzen schwer, gegen ihn anzukommen.

Das Jäten artet in Arbeit aus, da der Giersch durch Ausläufer immer wieder auf der Bildfläche erscheint, zudem treibt jedes im Boden verbliebene Fitzelchen Wurzel wieder aus, wie ein lebender Vorwurf an unsere Nachlässigkeit. Kontern kann man mit anderen Stauden wie dem Rauling (*Trachystemon orientalis*) oder Bärlauch, der allerdings mit der Zeit ebenso lästig werden kann.

Insekten lieben die Blüten immerhin sehr: Tagfalter, Käfer, Schwebfliegen und Bienen kann man dort beobachten. Streifenwanzen verspeisen die Samen und richten sogar ihre Kinderstube am Giersch ein, mit ganz viel Glück erscheint der plüschige Pinselkäfer auf den weißen Dolden.

Schon gewusst?

Der Giersch hat sicher die meisten Spitznamen aller Unkräuter. Wegen der Ähnlichkeit der Blätter mit denen des Holunders wird er zum Beispiel auch „Wiesenholler“ gerufen.

Selbst in den Fugen der Steintreppe hat sich der Giersch einquartiert.

Anatomie einer Giersch-pflanze.

Erkennen

- Höhe: 30 cm, mit Blüten bis 100 cm
- Bodendecker mit weißlichen Wurzeln und meterlangen Ausläufern
- Blätter dreigeteilt, Rand gesägt, dabei die Blattteile oft nochmals unterteilt, etwa wie ein Holunderblatt
- Stiele der Blätter dreikantig, an der Basis rosafarben
- Blütenstängel ebenfalls kantig, hohl und unbehaart
- weiße Doldenblüten von Juni bis Juli

Jungpflanze mit der typischen Blattform.

Nicht verwechseln

Die Blüten sind nicht besonders markant, viele Doldenblütler können mit dieser Form und Farbe aufwarten. Nur die dreigeteilten Blätter und der dreikantige Stängel machen den Giersch unverwechselbar. Die Blätter duften beim Zerreiben typisch nach Petersilie.

Der hochgiftige Gefleckte Schierling hat immer rötliche Flecken am Stiel, die Wald-Engelwurz besitzt größere Blätter, die oben am Blattstiel eine Rinne zeigen. Der Wiesen-Bärenklau riecht unangenehm und das Laub ist runzliger mit ausgeprägter Blattscheide, der Stängel gefurcht. Der Petersilienduft fehlt auch den Blättern des Schwarzen Holunders (*Sambucus nigra*), der als Strauch noch dazu eine verholzte Basis hat und viel größer wird. Der Zwerg-Holunder (*S. ebulus*) bleibt dagegen recht niedrig, sodass man ihn mit seinen weißen Blüten für einen Giersch halten könnte, den Blättern fehlt aber die Dreiteilung, stattdessen sind sie 7- bis 9-zählig gefiedert, der Stiel ist rund.

Jäten

Entfernt wird der Giersch mit äußerster Vorsicht, damit die Wurzeln nicht zerteilt werden, was nur zu noch mehr Exemplaren führen würde. Mit der Grabegabel hebt man die Pflanzen langsam an und legt so viele Rhizome wie möglich frei, die man sachte aus der Erde zieht. Wurzelballen anderer Stauden sollten akribisch von Gierschrückständen befreit werden, vor allem, wenn sie aus fremden Gärten stammen, oder beim Teilen.
Ist ein Beet vollständig mit Giersch durchzogen, kann es sich lohnen, alle Pflanzen aus dem Boden zu holen, gründlich klar Schiff zu machen und alles wieder gierschfrei einzupflanzen. In extrem durchwucherten Gartenteilen wird man den Giersch nur mit einer lichtundurchlässigen Folie auf Dauer los, durch die fehlende Sonne wird er sich verausgaben und schließlich absterben.
Hühner lieben Giersch – wenn Sie den Auslauf für das Federvieh direkt auf einer vollständig von Giersch bewachsenen Fläche einrichten, wird er auf Dauer zu Tode gepickt und gescharrt.

Ernten

Junge Blätter sind das Beste am Giersch, sie schmecken fein nach Möhre oder Petersilie und bereichern Salate, Suppen oder Kräuterquark. Ein Pesto nur mit Giersch als grüner Zutat ist im Mai eine willkommene Variante und – falls zusätzlich Knoblaucharoma gewünscht ist – eignet sich sein Widersacher, der Bärlauch. Sind die Blätter schon älter, können sie wie Spinat verwendet werden. Enthalten sind Vitamin C, Calcium, Carotin und Eisen.
Die Blüten schmecken süßlicher als die Blätter und sind eine nette Dekoration für Salate oder Suppen. Auch die Samen sind essbar, sie sind im Geschmack schärfer.

Die weißen Blüten erscheinen ab Juni.

GIERSCH-FETA-PÄCKCHEN

Eine knusprige Vorspeise, die mit dem aromatischen Giersch nicht nur super lecker schmeckt, sondern auch toll aussieht.

ca. 45 Minuten
Für 6 Portionen

6 Handvoll Gierschblätter |
1 Knoblauchzehe |
2 Schalotten

3 EL Olivenöl |
50 g Speckwürfel | Salz,
Pfeffer | Muskatnuss |
Piment d'Espelette

½ unbehandelte Zitrone |
100 g Fetakäse

100 g saure Sahne | 2 Eier |
200 ml Sahne

1 Paket Blätterteig
(aus der Kühltheke)

- Den Giersch verlesen, waschen und trockenschleudern. Die Knoblauchzehe schälen und fein hacken, Schalotten schälen und fein würfeln.
- 1 EL Öl in einem Topf erhitzen, Schalotten, Knoblauch und Speckwürfel kurz darin andünsten, Giersch dazugeben, zusammenfallen lassen und mit Salz, Pfeffer, frisch geriebener Muskatnuss und Piment d'Espelette würzen. Vom Herd nehmen und abkühlen lassen.
- Zitrone waschen und die Hälfte der Schale fein reiben, Fetakäse zerbröseln.
- Saure Sahne, Eier, Sahne, Fetakäse und Zitronenschale vermischen und mit dem Giersch verrühren. Den Backofen auf 175 °C (Ober-/Unterhitze) vorheizen.
- Den Blätterteig in 6 Vierecke schneiden und mit Öl bestreichen. 6 Mulden eines Muffin-Bleches versetzt einfetten und mit dem Teig auslegen, so dass Teigränder überstehen, Giersch-Füllung hineingeben und die Teigränder darüberschlagen.
- Im Backofen auf mittlerer Schiene 25 Minuten backen und heiß servieren.

GIERSCH-REISSALAT

Für diesen Salat sollten junge Gierschblätter verwendet werden, die sehr zart, aber auch aromatisch schmecken.

ca. 30 Minuten
Für 4 Portionen

150 g Basmati-Vollkornreis |
3 EL Olivenöl | 4 EL Kräuteressig | ½ TL Salz |
1 Prise weißer Pfeffer

½ Bund Frühlingszwiebeln |
5 in Öl eingelegte getrocknete Tomaten

1 Apfel | ½ Salatgurke

Handvoll Gierschblätter

- Den Reis nach Packungsanleitung kochen, gut abtropfen lassen und in eine große Salatschüssel geben, Öl, Essig, Salz und Pfeffer unterrühren.
- Die Frühlingszwiebeln putzen und klein schneiden. Die eingelegten getrockneten Tomaten abtropfen lassen und ebenfalls klein schneiden.
- Den Apfel waschen, vierteln, Kerngehäuse entfernen und die Viertel in kleine Würfel schneiden. Die Gurke schälen und hobeln.
- Den Giersch verlesen, waschen, trockenschleudern, in feine Streifen schneiden.
- Alle Zutaten zum Reis geben, gut vermischen, abschmecken und servieren.

KÜRBISGRATIN MIT GIERSCH

Ein neu interpretierter Klassiker, der wunderbar als Beilage zu Kurzgebratenem passt oder als Hauptspeise mit einem Salat serviert werden kann.

ca. 60 Minuten
Für 4 Portionen

800 g Hokkaido-Kürbis | 2 Knoblauchzehen

5 Handvoll Gierschblätter

1 EL Butter | 1 TL Salz | ½ TL Pfeffer | Muskatnuss | 200 ml Sahne

100 g Bergkäse, gerieben

- Den Backofen auf 200 °C (Ober-/Unterhitze) vorheizen.
- Den Hokkaido-Kürbis waschen, achteln, Kerne entfernen und nicht zu fein hobeln. Die Knoblauchzehen schälen und fein hacken.
- Den Giersch verlesen, waschen, trockenschleudern und grob hacken.
- Eine Auflaufform mit Butter einfetten und mit dem Kürbis füllen, Knoblauch und Giersch darübergeben, mit Salz, Pfeffer und frisch geriebener Muskatnuss kräftig würzen und die Sahne darübergießen.
- Im Backofen auf der mittleren Schiene ca. 20 Minuten backen, dann mit dem geriebenen Bergkäse bestreuen und nochmals 10 Minuten überbacken und servieren.

GRÜNE SPÄTZLE

Der Giersch macht die Spätzle nicht nur grün, sondern auch herrlich würzig. Es lohnt sich, Spätzle in dieser Form selber zu machen!

ca. 60 Minuten (mit Ruhezeit)
Für 4 Portionen

2 Handvoll Gierschblätter | 3 EL Olivenöl

350 g Weizenmehl Typ 405 | 3 EL Hartweizen-Grieß | 4 Eier | Salz | 1 Prise Muskatnuss | etwas Mineralwasser

- Giersch verlesen, waschen, trockenschleudern und mit dem Öl in einem hohen Gefäß mit dem Stabmixer fein pürieren.
- In einer Schüssel Mehl, Hartweizen-Grieß und Eier mit einem Kochlöffel zu einem Teig verarbeiten, 1 TL Salz, frisch geriebene Muskatnuss und das Giersch-Öl dazugeben. Der Teig darf nicht zu flüssig sein und muss kräftig geschlagen werden, bis sich Blasen bilden. Falls der Teig zu zäh ist, kann noch etwas Mineralwasser dazugegeben werden. 15 Minuten ruhen lassen.
- In der Zwischenzeit Salzwasser in einem großen Topf zum Kochen bringen und eine Schüssel zum späteren Einfüllen der fertigen Spätzle vorwärmen.
- Den Teig in mehreren Portionen mit der Spätzlepresse oder einem Hobel ins kochende Wasser geben. Wenn die Spätzle oben schwimmen (das geht sehr rasch bei sprudelnd kochendem Wasser), die Kräuterspätzle mit einem Sieb herausholen, abtropfen lassen, in die vorgewärmte Schüssel geben und servieren.

FRITTIERTE GIERSCHBLÜTEN MIT ERDBEERDIP

Die Blüten des Gierschs lassen sich frittiert für ein köstliches Sommerdessert verwenden. Serviert mit einem Erdbeerdip ist es auch fürs Auge ein Genuss!

ca. 30 Minuten
Für 4 Portionen

8 Gierschblüten

250 g Erdbeeren

1 Ei | 150 ml Milch | 1 Prise Salz | 1 EL Zucker | 125 Weizenmehl Typ 405

50 ml Rapsöl

Puderzucker zum Bestäuben

- Die Gierschblüten nach dem Ernten für ca. 15 Minuten auf ein helles Geschirrtuch legen, damit die Krabbeltiere die Blüten verlassen können.
- Die Erdbeeren waschen, trockentupfen und das Grün entfernen. In einem hohen Gefäß mit dem Stabmixer zu einer gleichmäßigen Soße pürieren und kalt stellen.
- Das Ei verquirlen, mit Milch, Salz, Zucker und Mehl verrühren.
- Rapsöl in einem Topf erhitzen, die Gierschblüten in den Teig tauchen und im heißen Öl portionsweise goldgelb ausbacken, auf Küchenpapier abtropfen lassen.
- Die Gierschblüten mit etwas Puderzucker bestäuben und jeweils 2 Blüten auf einen Teller legen. Den Erdbeerdip in vier kleine Gläschen füllen und mit den Blüten auf den Tellern servieren.

GIERSCH-WILDKRÄUTER-LIMONADE

Ein super erfrischendes, gesundes Sommergetränk, das mit der natürlichen Süße des Apfelsaftes auskommt und wenig Arbeit macht. Lediglich die Ziehzeit muss einkalkuliert werden.

ca. 10 Minuten
(plus Ruhezeit über Nacht)
Ergibt 2 l Limonade

10 Gierschblätter | 1 Ranke Gundermann | 1 Stängel Pfefferminze oder Zitronenmelisse | 1 l Apfelsaft

1 l Mineralwasser | Saft von 1 Zitrone

- Giersch, Gundermann und Pfefferminze bzw. Zitronenmelisse waschen, gut abtropfen lassen und zu einem Kräutersträußchen zusammenbinden.
- Wildkräuter mit einer Nudelrolle quetschen, in einen mit Apfelsaft gefüllten Krug hängen und über Nacht im Kühlschrank ziehen lassen.
- Vor dem Servieren das Kräutersträußchen herausnehmen und den Apfelsaft mit Mineralwasser und Zitronensaft vermischen.

GUNDERMANN – GUTER GESCHMACK BEI FUSS

Glechoma hederacea

Der gewitzte Gundermann drängelt sich überall dazwischen und schlängelt sich dicht am Boden durch alle Pflanzungen. Schatten macht ihm nichts aus und seine grünen Triebe bilden sofort Wurzeln, sobald sie Erde spüren. So richtig bemerkt wird die Staude meist erst, wenn sie sich im Frühjahr zum Blühen aufschwingt, denn nun streckt sie sich plötzlich, sucht die Sonne und wirft sich wie eine blau blühende Girlande auch schon mal über andere Pflanzen wie eine Möchtegern-Kletterpflanze.

Die Lippenblüten sind sehr attraktiv und ziehen Hummeln, Schmetterlinge, Honig- und Pelzbienen an. Empfindlichen Kulturen sollte man die Ranken aber vom Leib halten, auch Keimlinge erwünschter Gartenpflanzen wie die von Akelei oder Storchschnäbeln kommen unter dem Blatttcppich auf keinen grünen Zweig. Selbst die ebenfalls mit ausreichend Wuchererfahrung ausgestatteten Minzen können hier ins Hintertreffen geraten, denn sie klettern nicht so gut.

Sträucher und Hecken umgarnt der Gundermann als pflegeleichter Bodendecker aber ganz sozialverträglich, hier kann er trotz seiner aufdringlichen Art keinen Schaden anrichten.

Das Aroma der Blätter sucht seinesgleichen, hat man es einmal probiert, kann man gar nicht genug vom Gundermann bekommen.

Möchte man auf die Staude nicht verzichten, aber kann den Störenfried im Blumenbeet nun wirklich nicht gebrauchen, lässt er sich auch ganz hervorragend mit einem Kübel oder Balkonkasten abspeisen. Hier kann er sogar alle Trümpfe ausspielen und seine Ranken mit den blauen Blüten lässig und dekorativ nach unten baumeln lassen.

Schon gewusst?

Gundermann wird auch Soldatenpetersilie genannt, weil er als Gewürz unterwegs jederzeit gepflückt werden kann. Sein Geschmack hat dagegen nichts mit Petersilie gemein.

Die violetten Streifen auf der Unterlippe der Blüte weisen den Hummeln den Weg.

Beim Gundermann sitzen die Blüten zwischen den Blättern.

Erkennen

- Höhe: 10–20 cm
- ausdauernder Bodendecker
- Triebe bilden oberirdische Ausläufer, die sich bewurzeln
- Blätter gegenständig, mit gekerbtem Rand, rundlich und ohne deutliche Spitze, mit gut sichtbaren Blattadern und würzigem Duft
- Durchmesser der Blätter je nach Lichtmenge unterschiedlich, dabei größer im Schatten
- blau-violette Lippenblüten mit dunklen Flecken auf der recht großen Unterlippe
- blüht von April bis Juli an aufrecht stehenden Trieben
- oberste Blüten werden stets von Blättern überragt und wachsen in den Blattachseln

Der Kriechende Günsel hat dichte Blütenkerzen.

Nicht verwechseln

Am häufigsten wird der Gundermann mit dem Kriechenden Günsel verwechselt, der sich aber über kurze Ausläufer vermehrt und keine langen Ranken bildet wie der Gundermann. Die blauen Blütenkerzen des Günsels sind außerdem dichter gepackt und haben keine Blätter an der Spitze. Das gilt auch für die viel später blühende Kleine Braunelle, die außerdem einen deutlich abgesetzten Blütenstand hat, während der Gundermann sich mit Blättern und Blüten abwechselt. Taubnesseln haben keine blauen Blüten und stets spitzere Blätter. Auch das gelb blühende Pfennigkraut bildet sich bewurzelnde Ranken wie der Gundermann, sie sind aber kürzer und die rundlichen Blättchen deutlich kleiner.

Am leichtesten erkennt man den Gundermann an seinem markanten Duft, wenn man die Blätter zwischen den Fingern reibt.

Jäten

Das Entfernen des Gundermanns geht ganz einfach, man muss nur kräftig an den langen Ranken ziehen, dann kommt gleich ein halber Meter zu Tage. Das Praktische an der Pflanze ist nämlich, dass sie nur sehr flach wurzelt. Ein dicht geschlossener Bestand kann daher auch gut mit der Hacke angegangen werden, im Staudenbeet legt man dagegen besser ohne schweres Gerät Hand an, um die Kontrahenten Gundermann und Gartenpflanze mit Fingerspitzengefühl zu trennen. Die bewachsenen Flächen muss man regelmäßig wieder bearbeiten, da die Pflanze die frei gewordenen Stellen rasch wieder zuwächst.

Ernten

Vom Frühjahr bis in den Juni hinein sind die duftenden Blätter noch zart und werden daher zeitig gepflückt, bevor sie im Hochsommer zäh werden. Sie bereichern klein gehackt Quark und Frischkäse, passen aber auch in Omeletts und Eintöpfe. Der Geschmack wie auch der Duft sind würzig und sehr aromatisch – im Garten frisch von der Pflanze genascht erfrischen sie den Atem.
Die blauen Blüten kann man als Farbtupfer verwenden, sie schmecken nicht herb wie die Blätter, sondern süßlich. Mit ihnen lässt sich Speiseöl aromatisieren, was auch hübsch aussieht. Eine gesunde, raffinierte Nascherei sind mit Kuvertüre bestrichene Blätter.

Die Blätter im Frühjahr, bevor sich die Blüten bilden.

OFENSPARGEL MIT GUNDERMANN-PARMESAN-KRUSTE

Der ungewöhnliche, aromatische Geschmack des Gundermanns in Verbindung mit dem Parmesan gibt dem Spargelgericht ein besonderes Extra.

ca. 45 Minuten
Für 2 Portionen

1 kg weißer Spargel

2 Backpapier-Quadrate 40 x 40 cm | 1 TL Salz | 1 TL Zucker | 4 EL Butter | Küchengarn

10 Gundermannblätter | 1 EL Parmesankäse, gerieben | 1 EL Paniermehl

- Den Backofen auf 200 °C (Ober- und Unterhitze) vorheizen. Den Spargel waschen, schälen und die Enden abschneiden.
- Jeweils die Hälfte des Spargels mittig auf ein Backpapier legen, mit Salz und Zucker bestreuen und je 1 EL Butter in Flöckchen darüber verteilen. Das Backpapier über den Spargel legen und 2 Enden mit Küchengarn zusammenbinden.
- Die Päckchen im Backofen ca. 25 Minuten garen.
- Den Gundermann waschen, trockenschleudern, fein hacken und mit Parmesankäse und Paniermehl vermischen.
- Die Päckchen aus dem Backofen nehmen, vorsichtig oben öffnen, die Gundermann-Mischung auf dem Spargel verteilen, die restliche Butter in Flocken darüber geben und wieder verschließen. Die Backofen-Temperatur auf 220 °C erhöhen und die Päckchen ca. 10 Minuten goldbraun überbacken und servieren.

WILDKRÄUTER-SCONES

Scones, der britische Klassiker zum High Tea, wird mit Gundermann zum pikanten Hochgenuss, der schnell gemacht ist und den es nirgendwo zu kaufen gibt.

ca. 30 Minuten
Ergibt 12 Scones

1 Handvoll Gundermannblätter

350 g Weizenmehl Typ 405 (oder Dinkelmehl Typ 630) | 5 TL Backpulver | 1 Prise Salz | 1 Prise Zucker

150 g Joghurt (3,5 % Fett) | 125 g Butter

1 Ei | 1 EL Milch

- Den Gundermann waschen, trockenschleudern und fein hacken.
- Mehl, Backpulver, Salz und Zucker in einer Schüssel vermischen.
- Joghurt, die kalte Butter in Flocken und den Gundermann zu der Mehlmischung geben und mit dem Knethaken des Handrührgerätes verkneten. Den Backofen auf 160 °C (Umluft) vorheizen.
- Den Teig auf einer bemehlten Arbeitsfläche ca. 2 cm dick ausrollen, mit einer Kaffeetasse die Scones ausstechen und auf ein mit Backpapier ausgelegtes Backblech legen.
- Ei und Milch verquirlen und die Scones damit bestreichen.
- Im Backofen auf der mittleren Schiene ca. 15 Minuten bei 160 °C backen (Achtung, wenn die Scones zu braun werden, mit einem Backpapier abdecken). Herausnehmen und noch warm mit Butter servieren.

ROTE-BETE-SALAT MIT GUNDERMANN-DRESSING

Mit dem Gundermann-Dressing wird aus Rote Bete, Äpfeln, Camembert und Spinat ein köstlicher, leichter Salat, der schnell zubereitet ist und gut durchgezogen noch besser schmeckt.

20 Minuten
Für 4 Portionen

500 g Rote Bete, vorgegart | 1 Schalotte | 2 Äpfel

200 g Baby-Blattspinat | 50 g Camembert

25 ml Balsamico-Essig, dunkel | 1 TL Senf | 2 TL Honig | 50 ml Olivenöl | 1 TL Salz | 1 Prise Pfeffer

1 Handvoll Gundermannblätter

- Die Rote Bete halbieren und in Scheiben schneiden. Die Schalotte schälen und fein würfeln. Die Äpfel waschen, vierteln, Kerngehäuse herausscheiden und die Viertel grob würfeln.
- Den Baby-Blattspinat waschen und trockenschleudern. Den Camembert in Würfelchen schneiden.
- Essig in einer Salatschüssel mit Senf und Honig verrühren, das Öl dazugeben, mit Salz und Pfeffer würzen.
- Gundermann waschen, trockenschleudern, fein hacken und in das Dressing geben.
- Alle vorbereiteten Salatzutaten mit dem Dressing vermischen. Der Salat kann sofort oder einige Stunden durchgezogen serviert werden.

GUNDERMANN-GRILLMARINADE

Diese würzige, mediterrane Marinade passt besonders gut zu dunklen, kräftigen Fleischsorten.

ca. 10 Minuten
Ausreichend, um z. B. 8 Steaks zu marinieren

1 Handvoll Gundermannblätter | 2 Knoblauchzehen

1 Handvoll Pinienkerne | 100 ml Olivenöl | 1 EL Honig | 1 TL Salz | ½ TL Pfeffer

- Den Gundermann waschen, trockenschleudern und fein hacken. Den Knoblauch schälen und fein hacken.
- Die Pinienkernen ebenfalls fein hacken, mit Gundermann, Knoblauch, Öl, Honig, Salz und Pfeffer gut vermischen.
- Fleisch darin einlegen und über Nacht ziehen lassen. Am nächsten Tag kann das Fleisch wie gewohnt gegrillt werden.

GUNDERMANN-FEIGEN-DESSERT

Der Gundermann lässt sich toll mit der fruchtigen Süße der Feigen zu einem herbstlichen Dessert kombinieren, das schnell angerichtet ist.

ca. 20 Minuten
Für 2 Portionen

4 frische Feigen

50 g Mandelblättchen

1 EL Butter | 1 EL brauner Zucker | 3 EL Ahornsirup

1 Handvoll Gundermannblätter | 100 ml Sahne | 100 g Joghurt | 200 g Quark (20 % Fett)

- Eine Feige vierteln und beiseite stellen, die anderen sehr fein schneiden.
- Die Mandelblättchen in einer Pfanne ohne Fett anrösten, bis sie duften, und in eine Schüssel umfüllen.
- Die Butter in der Pfanne bei mittlerer Hitze schmelzen lassen, Zucker dazugeben und karamellisieren lassen, die fein geschnittenen Feigen dazugeben und kurz unter Rühren braten, vom Herd nehmen und mit den Mandelblättchen und 1 EL Ahornsirup vermischen.
- Den Gundermann waschen, trockenschleudern und 4 schöne Blätter zur Seite legen. Die restlichen Gundermannblätter in der Sahne pürieren, Joghurt, Quark und den restlichen Ahornsirup dazugeben und verrühren.
- Den Gundermann-Quark abwechselnd mit der karamellisierten Masse in kleine Gläser schichten, mit je 2 Feigenvierteln und 2 Gundermannblättchen dekorieren und servieren.

ERDBEERMARMELADE MIT GUNDERMANN

Der würzige Geschmack des Gundermanns verleiht der Erdbeermarmelade eine ganz besondere Note. Sie werden diese Marmelade lieben!

ca. 30 Minuten
6 Gläser mit 230 ml Inhalt

1 kg Erdbeeren | 500 g Gelierzucker (1:2) | Saft von ½ Zitrone | 1 Handvoll Gundermannblätter

- Die Erdbeeren waschen, putzen, in kleine Stücke schneiden und mit dem Gelierzucker und dem Zitronensaft in einen großen Topf geben. Den Gundermann waschen, trockenschleudern, sehr fein hacken und ebenfalls in den Topf geben.
- Für feine Marmelade ohne Stücke kann die Erdbeermasse mit dem Stabmixer püriert werden, für stückige Marmelade überspringen Sie einfach diesen Schritt.
- 6 Twist-Off-Gläser (230 ml) mit kochendem Wasser sterilisieren.
- Erdbeermasse aufkochen lassen, immer wieder umrühren und nach Packungsanleitung des Gelierzuckers sprudelnd kochen lassen, sofort in die vorbereiteten Gläser füllen, verschließen und einige Minuten auf den Kopf stellen.
- Nach dem Auskühlen kann die Marmelade verzehrt werden. Kühl und dunkel gelagert hält sie sich bis zu 2 Jahre.

KNOBLAUCHSRAUKE – VOM SCHWAN ZUM HÄSSLICHEN ENTLEIN

Alliaria petiolata

Die weiß blühende Pflanze mit den hübschen Blättern ist im Frühjahr ein ausgesprochen schöner Anblick, besonders wenn Tagfalter sich den Nektar schmecken lassen – und das passiert recht oft. In diesem Stadium kann sie glatt als dekorative Gartenpflanze durchgehen, doch leider lässt die Schönheit dann rapide nach – vom Schwan zum hässlichen Entlein in nur wenigen Wochen. Sind die Blüten nämlich am Anfang noch kompakt und feinsäuberlich von Blättern eingefasst wie ein edler Brautstrauß, streckt sich die Knoblauchsrauke bald, verzweigt sich und wirkt dann insgesamt schlaksiger und unordentlich. Spätestens mit der Samenbildung passt sie nicht mehr so recht ins Staudenbeet, denn dann sieht sie aus wie eine wilde Ansammlung von Hirschgeweihen, obwohl sie oben noch lange weiterblüht und sich wirklich Mühe gibt, zu gefallen.
Dabei sollte man die zweijährige Pflanze gerade jetzt nicht komplett von der Beetkante schubsen, denn die Schoten sind eine Nahrungsquelle der grün-weißen Raupen des Aurorafalters, die sich oft längs an die Schoten setzen, wo sie nicht auffallen, schlank wie sie sind.
Die Knoblauchsrauke stirbt ab, wenn die schwarzen Samen in die Freiheit entlassen wurden, also wird sie nie dauerhaft lästig, sondern muss den Garten durch ihre Saat erneut erobern – was ihr aber erstaunlich gut gelingt, denn die Samen werden durch Bewegen des Stängels durch den Wind, durch uns oder durch Tiere weit im Garten verstreut.
Am liebsten besiedelt sie stickstoffreiche, nicht zu trockene Böden im Schatten, etwa vor Hecken und unter Gehölzen, sie siedelt sich aber auch im halbschattigen Staudenbeet an.

Schon gewusst?

Unsere leckere Knoblauchsrauke wurde nach Nordamerika eingeschleppt und ist dort ein invasiver Neophyt, auch deshalb, weil Hirsche den scharfen Geschmack nicht mögen und sie so Narrenfreiheit hat.

Knoblauchsrauke im April: Ein Tagpfauenauge tankt Nektar und Sonne auf der Blüte.

Die ersten Blüten im April.

Erkennen

- Höhe: 20–100 cm, Breite: 20–30 cm
- meist zweijährige, selten ausdauernde Pflanzen
- weiße Pfahlwurzel mit Duft nach Meerrettich
- Grundblätter rundlich-nierenförmig mit gekerbtem Rand
- Stängelblätter spitz-herzförmig, wechselständig
- Blätter mit typischem Knoblauchgeruch
- von April bis Juli erscheinen weiße Blüten mit 4 kreuzförmig angeordneten Blütenblättern
- grüne, später braune, schlanke, 3–7 cm lange Schoten
- Samen schwarz und oval
- Sämlinge mit typisch langen, ovalen Keimblättern

Fruchtstand mit Raupe vom Aurorafalter.

Nicht verwechseln

Viele Kreuzblütler ähneln in der Blütenform der Knoblauchsrauke, doch die Blätter, die beim Zerreiben den typischen Knoblauchgeruch abgeben, machen die Pflanze unverwechselbar. Vor der Blüte können die jungen Blätter mit denen des Gundermanns verwechselt werden, der aber einen ganz anderen Duft hat. Manchmal wird die junge Pflanze auch für eine Bach- oder eine Echte Nelkenwurz gehalten, doch deren Blätter sind stets gefiedert, bestehen also immer aus mehreren Teilen.

Hat die Knoblauchsrauke im Frühjahr noch eine niedrige Blattrosette und keine Blütenstängel gebildet, kann das Laub mit dem der Kaukasus-Gemswurz oder einer jungen Stockrose verwechselt werden, die beliebte Gartenstauden sind.

Spätestens zur Blütezeit ist die Sache eindeutig – und dann muss man sich nur noch die Stelle merken, an der die standorttreuen Pflanzen hocken. Zum Glück blüht die Knoblauchsrauke recht früh im Jahr.

Jäten

Einmal kräftig gezogen und die Pflanze ist entfernt. Die Knoblauchsrauke ist kein Wurzelunkraut, man muss sich daher keine Sorgen machen, wenn ein Teil im Boden verblieben ist, denn aus Wurzelrückständen treibt sie nicht neu aus. Nach der Samenreife stirbt die Knoblauchsrauke von selbst.
Möchte man die Pflanze lieber nicht mehr jedes Jahr vor Hecken und unter Sträuchern antreffen, kann man Gefleckte Taubnesseln oder andere schattenliebende Bodendecker an die einschlägigen Stellen pflanzen. So haben die Samen kaum noch eine Chance, zu keimen.

Ernten

Die Knoblauchsrauke ist das Universalgenie in der Küche, man kann die ganze Pflanze verwerten. Die jungen Blätter lassen sich verwenden wie Kresse, aber mit leichtem Knoblaucharoma, das sich beim Kochen verflüchtigt. Ein Pesto aus den im Frühjahr geernteten Blättern ist noch mild mit leichter Knoblauchnote.
Die Blüten sind eine würzige Dekoration, die Samen schmecken pfeffrig. Als Pfeffer noch unsagbar teuer gehandelt wurde, waren sie ein beliebter Ersatz. Sind die Schoten noch jung und grün, kann man sie klein gehackt als Speisewürze über Gerichte streuen, denen eine Kressenote guttut. Die Wurzel lässt sich geraspelt wie Meerrettich verwenden.

Der Sämling zeigt schon die typisch gerunzelten Blätter.

MEDITERRANER BROTSALAT MIT KNOBLAUCHSRAUKE

Knuspriges Brot ist das Herzstück von diesem Salat. In Kombination mit einem herrlichen Dressing, den frischen und getrockneten Tomaten und den Aromen der Knoblauchsrauke entsteht ein toller Frühlingssalat.

ca. 30 Minuten
Für 6 Portionen

Für den Salat:

100 g Pinienkerne | 1 Knoblauchzehe | 300 g Ciabatta-Brot | 3 EL Olivenöl | 5 Handvoll Knoblauchsrauken-Blätter | 250 g Kirschtomaten | 150 g in Öl eingelegte getrocknete Tomaten | 1 rote Zwiebel | 100 g Parmesan

Für das Dressing:

6 EL Olivenöl | 4 EL Balsamico-Essig, dunkel | ½ TL Honig | Saft von ½ Zitrone | 1 TL Salz, ½ TL Pfeffer

- Die Pinienkerne in einer großen Pfanne ohne Öl auf mittlerer Stufe rösten, bis sie schön braun geworden sind, dann in eine große Salatschüssel füllen.
- Die Knoblauchzehe schälen und in sehr feine Scheiben schneiden.
- Das Ciabatta-Brot in 1,5 cm dicke Scheiben schneiden, würfeln, in der Pfanne in heißem Olivenöl portionsweise mit dem Knoblauch anbraten und ebenfalls in die Schüssel füllen.
- Knoblauchsrauke waschen und trockenschleudern. Kirschtomaten waschen und halbieren. Eingelegte getrocknete Tomaten in Streifen schneiden. Zwiebel schälen und in feine Ringe schneiden.
- Alle Salatzutaten in die Salatschüssel füllen. Parmesankäse hobeln und als Topping beiseite stellen.
- Für das Dressing Öl, Essig, Honig und Zitronensaft verrühren, mit Salz und Pfeffer würzen und kurz vor dem Servieren mit den Salatzutaten vermischen. Den Parmesan darübergeben.

GRÜNES KARTOFFELPÜREE

Als Beilage oder Hauptspeise – nichts geht über selbst gemachtes Kartoffelpüree. Mit frisch gehackten Knoblauchsrauken-Blättern leuchtet das Püree appetitlich grün und schmeckt durch die feine Knoblauchnote und den Käse unglaublich lecker.

ca. 45 Minuten
Für 4 Portionen als Beilage

500 g Kartoffeln

3 Handvoll Knoblauchsrauken-Blätter | 200 ml saure Sahne | 100 g Emmentaler Käse (am Stück)

3 EL Butter | Salz, Pfeffer | Muskatnuss

- Die Kartoffeln mit Schale ungefähr 25 Minuten in Salzwasser kochen.
- Die Knoblauchsrauke waschen und trockenschleudern, mit der sauren Sahne in einem hohen Gefäß mit einem Stabmixer pürieren. Den Emmentaler Käse reiben.
- Kartoffeln noch heiß pellen, mit der Butter stampfen, Käse und Knoblauchsrauken-Sahne unterrühren, mit Salz, Pfeffer und frisch geriebener Muskatnuss abschmecken und servieren.

KNOBLAUCHSRAUKEN-FETA-DIP

Die Blätter mit dem knoblauchartigen Aroma werden mit dem Fetakäse und der Frische der Zitronenschale zu einem unglaublichen Genuss. Dieser Dip schmeckt als Aufstrich, zu Gemüse oder zu Gegrilltem.

ca. 10 Minuten
Für 10 Portionen

200 g Fetakäse | 4–5 EL Joghurt (3,5 % Fett)

2 Handvoll Knoblauchsrauken-Blätter | 1–2 EL Olivenöl

Salz, Pfeffer | 1 Prise Piment d'Espelette (alternativ Chilipulver) | 1 TL Zitronenschale von einer unbehandelten Zitrone, frisch gerieben

- Den Fetakäse fein zerbröseln und mit dem Joghurt verrühren.
- Die Knoblauchsrauke waschen, trockenschleudern und mit dem Öl mit einem Stabmixer pürieren.
- Die Knoblauchsrauken-Paste mit dem Feta-Joghurt verrühren und mit Salz, Pfeffer, Piment d'Espelette und der frisch geriebenen Zitronenschale abschmecken und servieren.

KNOBLAUCHSRAUKEN-SOSSE

Eine abgewandelte Grüne Soße, die mit Knoblauchsrauke zu einer leckeren, wilden Alternative wird. Dazu schmecken Pellkartoffeln oder auch gedünstetes Gemüse.

ca. 15 Minuten
Für 4 Portionen als Beilage

2 Handvoll Knoblauchsrauken-Blätter | 2 hartgekochte Eier

500 ml saure Sahne | 1 EL Weißwein-Essig | 1 EL Rapsöl | 1 EL frisch gepresster Zitronensaft

1 TL Salz, 1 Prise Pfeffer

- Die Knoblauchsrauke waschen und trockenschleudern. Die Eier pellen und halbieren.
- Die vorbereiteten Zutaten mit saurer Sahne, Essig, Öl und Zitronensaft in ein hohes Gefäß füllen und mit dem Stabmixer fein pürieren.
- Mit Salz und Pfeffer würzen und mindestens 2 Stunden im Kühlschrank durchziehen lassen, vor dem Servieren nochmals abschmecken.

LÖWENZAHN – DER ZUGEFLOGENE

Taraxacum officinale

Gedüngte Fettwiesen bestehen zu großen Teilen aus Löwenzahn, im Garten sind Rasenflächen sein Metier, denn hier herrscht an Nährstoffen auch meist kein Mangel. Die mehrjährige Pflanze kann sich aber auch mit weniger zufrieden geben und wächst aus Pflasterfugen genauso wie auf Schotterwegen. Dank einer oft meterlangen Pfahlwurzel übersteht sie dort sogar Trockenheit.

Im Rasen macht sich die Blattrosette richtig breit und verweist die Rasengräser auf die billigen Plätze – das stört das einheitliche Bild vom gepflegten Golfrasen doch erheblich. Für Honigbienen, Schmetterlinge und auch viele Wildbienen sind die leuchtend gelben Blütenköpfe aber eine wertvolle Nahrung, andere Blüten werden oft verschmäht, wenn Löwenzahn anwesend ist. Dabei wäre die konkurrenzstarke Pflanze noch nicht einmal auf Blütenbesuch angewiesen, da sie sich auch ganz gut selbst bestäuben kann.

Die Flugsamen, die in der typischen Pusteblume wachsen, sind ein großer Spaß, und wenn sie nicht als Spielzeug herhalten müssen, trägt der Wind sie vollautomatisch zu neuen Aufgabengebieten – und zielsicher in die nächst-erreichbaren Gärten. Legt man keinen allzu großen Wert auf eine perfekte Rasenfläche nur mit Gräsern, kann man das Düngen auch einfach einstellen, das macht es dem Löwenzahn ein bisschen unbequemer. Die Bahn ist dann frei für Gänseblümchen, Habichtskräuter und andere weniger dominante Blumen.

Schon gewusst?

Vielleicht blüht dem Löwenzahn noch so einiges: Aus seiner Wurzel wird mittlerweile eine kautschukähnliche Substanz gewonnen, die nachhaltiger angebaut werden kann als echter Kautschuk aus den Tropen.

Für Honigbienen ist der Löwenzahn eine wichtige Frühjahrsnahrung.

Die typischen Pusteblumen.

Erkennen

- Höhe: 5–40 cm, Breite: 20–60 cm
- die ganze Pflanze führt Milchsaft
- die Pfahlwurzel ist außen schwarz
- Blattrosette mit den typisch gezähnten, 10–30 cm langen Blättern, auf Rasen dicht am Boden, sonst höher wachsend
- von April bis Juli erscheinen gelbe Korbblüten, die nur aus Zungenblüten bestehen, Hauptblüte bis Mai
- jeder Blütenkopf hat seinen eigenen Stängel, der Stängel ist hohl
- die Blütenköpfe schließen sich abends und bei Regen oder Dürre
- Flugsamen mit Fallschirm, die zusammen eine Kugel bilden

Wie ein Sägeblatt: die gezähnten Blätter.

Nicht verwechseln

Ähnlich sind Ferkel- und Milchkräuter (Gattung *Leontodon*), doch ihre Blütenstängel sind nicht hohl. Die Arten der Gattung *Taraxacum*, zu der der Gewöhnliche Löwenzahn gehört, sind nur schwer zu unterscheiden, sie sind aber alle genauso essbar. Der stattliche Wiesen-Pippau hat vor der Blüte Ähnlichkeit mit dem Löwenzahn, seine Blätter sind rauer, spätestens wenn er blüht, ist er daran zu erkennen, dass er mehrere Blütenköpfe pro Stängel hat. Dies trifft auch auf das giftige Jakobs-Greiskraut (siehe Seite 6) zu, dessen Blätter stumpfe Zähne, große Ausbuchtungen und breite Enden haben. Die Verwechslung mit dem kreuzblütigen Rucola kann höchstens vor der Blüte passieren, er ist aber essbar und fällt durch seinen kresseartigen, scharfen Geschmack sofort auf.

Jäten

Der Löwenzahn hat wohl die meisten Erfindungen aller Unkräuter fürs Jäten provoziert: Vom einfachen Messer bis zum ausgeklügelten System, bei dem die Pfahlwurzel in die Zange genommen wird und man sich dank Stiel noch nicht einmal bücken muss, ist alles dabei. Für kleine Gärten reicht noch ein einfacher Unkrautstecher, bei großen Flächen schont ein Teleskopgerät den Rücken. Wichtig ist in jedem Fall, die Pfahlwurzel ganz zu entfernen, damit sie nicht wieder austreibt.

Ernten

Die Blätter schmecken wie Chicorée, ältere allerdings bitterer als junge, vor dem Verzehr in Wasser eingelegt werden sie milder. Ein kulinarisches Highlight sind gebleichte Löwenzahnblätter, dazu einfach einen lichtundurchlässigen Blumentopf über die Pflanze stülpen, bis die Blätter ganz hell und dadurch mild im Geschmack geworden sind. Das Löwenzahngrün eignet sich gut für Salate, aber auch für Kräuterquark, Omelette oder Suppen.
Die Wurzeln sind eine Salatzutat, wenn man sie im Winter erntet. Auch die Blüten sind essbar, sie schmecken nach Honig.
Die Stängel sollten nicht verzehrt werden, da sie besonders viel Milchsaft führen.

Das Ferkelkraut hat im Vergleich zum Löwenzahn rundere Einbuchtungen in den Blättern.

GRÜNES DINKELBAGUETTE

Baguette selber backen – das klingt kompliziert. Aber weit gefehlt: Dieses Baguette ist schnell gemacht und überraschend lecker. Das Rezept ist für 3 Baguettes vorgesehen und ein Hit auf jeder Grillparty.

ca. 90 Minuten (mit Wartezeiten)
Für 3 Baguettes

5 Handvoll Löwenzahnblätter | 100 g Naturjoghurt (3,8 % Fett)

600 g Dinkelmehl Typ 630 | 1 Würfel Hefe | 1 Prise Zucker | 1 gestrichener TL Salz | 300 ml lauwarmes Wasser

- Den Löwenzahn verlesen, waschen, trockenschleudern und zusammen mit dem Joghurt in einem hohen Gefäß mit dem Stabmixer pürieren.
- Mehl mit Hefe, Zucker und Salz vermischen. Das lauwarme Wasser und die Löwenzahn-Joghurtmasse dazugeben, kräftig kneten und 30 Minuten gehen lassen. Den Backofen auf 200 °C (Umluft) vorheizen.
- Den Teig nochmals kneten und 3 Baguettes daraus formen, mit einem scharfen Messer dreimal länglich einschneiden, auf ein mit Backpapier ausgelegtes Backblech legen und nochmals einige Minuten gehen lassen.
- Im Backofen 20–25 Minuten backen. Die Baguettes werden krosser, wenn während des Backens eine Schale mit Wasser im Ofen steht. Baguettes auskühlen lassen und servieren.

LÖWENZAHN-STAMPFKARTOFFELN

Eine Spezialität aus meiner Heimatregion, der Eifel. Aus wenigen Zutaten wird eine leckere, schnelle und einfache Mahlzeit.

ca. 40 Minuten
Für 4 Portionen

1 kg Kartoffeln

10 Handvoll junge Löwenzahn-Blätter

200 g Speckwürfel | 1 Zwiebel | 200 ml saure Sahne

Salz, Pfeffer | 1 Prise Muskatnuss

1 EL Balsamico-Essig, hell

- Die Kartoffeln schälen, waschen und in Salzwasser ungefähr 25 Minuten kochen.
- Den Löwenzahn verlesen, waschen, trockenschleudern und grob hacken.
- Die Speckwürfel in einer Pfanne bei mittlerer Hitze anbraten, die Zwiebel schälen, fein hacken und dazugeben. Die Zwiebel im Fett glasig dünsten, die saure Sahne unterrühren und alles in eine Schüssel füllen.
- Die gegarten Kartoffeln mit einem Stampfer grob zerkleinern und mit Salz, Pfeffer und frisch geriebener Muskatnuss kräftig würzen.
- Die Stampfkartoffeln und die rohen Löwenzahnblätter zu der Zwiebel-Speckmasse geben, unterheben, mit dem Essig abschmecken und servieren.

LÖWENZAHNBLÜTEN-SIRUP

In diesem Sirup wollen wir das Aroma der Löwenzahnblüten einfangen. Er passt wunderbar zu Käse und Desserts.

ca. 90 Minuten (plus 12 Stunden Ruhezeit)
3 Flaschen mit 500 ml Sirup

3 Handvoll Löwenzahnblüten

750 ml Wasser | Saft von 1 Zitrone

1 kg brauner Rohrzucker

- Die Löwenzahnblüten für eine halbe Stunde auf einem hellen Tuch ausbreiten, damit alle Krabbeltierchen die Flucht ergreifen können. Die Blütenköpfe sollten nicht gewaschen werden.
- Die Blüten in einen Topf geben und mit 750 ml kochendem Wasser übergießen, den Zitronensaft dazugeben und 12 Stunden oder über Nacht ziehen lassen.
- Die Blüten abseihen und kräftig ausdrücken, die Flüssigkeit wieder in den Topf geben und erhitzen, nach und nach den Zucker zugeben und immer wieder umrühren. Ungefähr 1 Stunde kochen lassen.
- Wenn der Sirup eine goldene Farbe annimmt und eine Konsistenz von Honig hat, in vorbereitete, sterilisierte Flaschen füllen.

LÖWENZAHN-LOLLO-ROSSO-SALAT MIT KÄSETALERN

Dieser Salat kommt mit den perfekten Partnern für wildes Grün daher: einem fruchtigen Dressing, Obst und Ziegenkäse-Talern.

30 Minuten
Für 6 Portionen

2 Handvoll Löwenzahnblätter | 1 Lollo Rosso

100 g Kirschtomaten | 1 Apfel

1 Knoblauchzehe | 1 kleines Sträußchen Petersilie oder Giersch | 1 TL Senf | 4 EL Himbeer-Essig | je 1 Prise Salz, Pfeffer und Zucker | 6 EL Rapsöl

½ Handvoll Dostblätter

150 g Ziegenkäserolle | 2 TL flüssiger Honig

- Den Löwenzahn waschen, trockenschleudern und grob hacken. Lollo Rosso waschen, trockenschleudern und in kleine Stücke zupfen.
- Die Kirschtomaten waschen und halbieren. Den Apfel waschen, vierteln, das Kerngehäuse herausschneiden und die Viertel in kleine Stücke würfeln.
- Für die Vinaigrette die Knoblauchzehe schälen und sehr fein hacken, Petersilie oder Giersch waschen, trockenschleudern und sehr fein hacken, mit Senf, Essig, Salz, Pfeffer und Zucker glattrühren und das Öl unterrühren.
- Backofen auf 200 °C (Umluft) vorheizen. Den Dost waschen, trockenschleudern und fein hacken.
- Die Käserolle in 6 Taler schneiden, mit Honig beträufeln, mit Dost bestreuen und auf einem mit Backpapier ausgelegten Backblech im Backofen auf oberster Schiene ca. 10 Minuten gratinieren.
- In der Zwischenzeit die vorbereiteten Salatzutaten mit der Vinaigrette mischen, auf 6 Teller verteilen und mit je 1 warmen Ziegenkäsetaler servieren.

LÖWENZAHN-GEMÜSETARTE

Diese herrlich knusprige Tarte ist ideal für einen gemütlichen Abend mit Gästen, da sie sich super vorbereiten lässt und dann duftend im Ofen backt, während Sie sich um ihre Gäste kümmern.

ca. 40 Minuten
(plus 40 Minuten Backzeit)
Für 4 Portionen

Für den Teig:

200 g Dinkelmehl Typ 1050 | 100 g Butter | 1 EL Magerquark | 1 TL Salz | 2 EL kaltes Wasser

Für den Belag:

150 g Champignons | 1 Knoblauchzehe

1 EL Butter

2 Handvoll Löwenzahnblätter | 100 g Kirschtomaten | 6 in Öl eingelegte getrocknete Tomaten | 75 g Gruyère-Käse

2 Eier | 50 g saure Sahne | 1 TL Salz | 1 Prise Pfeffer | 1 Prise Muskatnuss

1 EL Rapsöl

- Aus Mehl, Butter, Quark, Salz und Wasser mit dem Handrührgerät schnell einen homogenen Teig kneten und in Folie eingewickelt ½ Stunde im Kühlschrank ruhen lassen.
- Währenddessen die Champignons putzen und in Scheiben schneiden, die Knoblauchzehe schälen und fein hacken.
- 1 EL Butter in einer Pfanne erhitzen und zuerst die Champignons darin goldbraun braten und dann die Knoblauchzehe dazugeben und kurz mitbraten.
- Den Löwenzahn waschen, trockenschleudern und grob hacken. Die Kirschtomaten waschen und halbieren. Die eingelegten getrockneten Tomaten abtropfen lassen, in feine Scheiben schneiden und den Gruyère-Käse reiben.
- Die Eier mit der sauren Sahne verquirlen, mit Salz, Pfeffer und frisch geriebener Muskatnuss würzen. Den Backofen auf 200 °C (Ober-/Unterhitze) vorheizen.
- Eine Tarte-Form (26 cm Durchmesser) mit dem Öl einfetten und mit Mehl bestäuben. Den Teig dünn ausrollen, in die Form legen und einen Rand formen.
- Den Teig mit einer Gabel mehrfach einstechen. Pilzmasse, Löwenzahnblätter und beide Sorten Tomaten einfüllen, dann die verquirlte Ei-Masse darüber verteilen und im Backofen auf mittlerer Schiene 10 Minuten bei 200 °C backen.
- Den Backofen auf 180 °C herunterschalten, den geriebenen Käse auf der Tarte verteilen, weitere 30 Minuten backen und servieren.

Tipp ★

Wenn es mal schnell gehen muss, nehmen Sie einfach einen fertigen Tarte-Teig aus der Kühltheke.

RAINKOHL –
DER MINIMALIST, DER MITTAGS SCHLIESST

Lapsana communis

Er ist der Spargeltarzan unter den Korbblütlern, hält sich gern schüchtern im Hintergrund und fällt mit seinen minimalistischen Blütenköpfen über einer sparsam angelegten Blattrosette kaum auf. Er arbeitet außerdem nur halbtags: Nach Mittag macht der Gemeine Rainkohl auch schon wieder Feierabend und hält seine Blütenkörbchen fest geschlossen. Kein Wunder, dass dieser Pflanze kaum jemand ernsthaft eine Gartentauglichkeit bescheinigen würde.
Der Rainkohl ist sehr schattenverträglich und schafft es auch, seine Blattrosette unbemerkt ganz unten zwischen anderen Pflanzen auszubilden, wo man ihn oft erst bemerkt, wenn der Blütenstand schon nach oben schießt. Dann wirkt es, als würden die gelben Blütenköpfe ohne Unterleib über den Nachbarpflanzen schweben.
Gern versteckt sich der Rainkohl hinter der Knoblauchsrauke, mit der er oft zusammen vorkommt. Man muss ihm schon Respekt zollen, wie er es als einjährige Pflanze immer wieder unter die Stauden im Blumenbeet schafft, die doch einen deutlichen Wachstumsvorsprung haben. Leichter hat er es am Wegrand oder vor Mauern, wo oft noch ein Plätzchen frei ist.
Allzu schwer dürfen die Insekten nicht sein, die die zarten Blütenkörbchen besuchen. Manchmal sind es Hummeln, die einen Versuch wagen, meist aber Schwebfliegen und kleine Wildbienen.
Er bevorzugt stickstoffreiche Böden, die locker und nicht allzu trocken sein sollten. Besonders humose Lehmböden haben es ihm angetan.

Schon gewusst?

Rainkohl biologisch bekämpfen? Ein auf ihn spezialisierter Rostpilz (*Puccinia lapsanae*) beeinträchtigt seinen Fortpflanzungserfolg immens, doch essen kann man die infizierten Blätter dann nicht mehr.

Trotz seiner vielen Blütenknospen fällt der Rainkohl kaum auf.

Der Blütenstand ist verzweigt.

Das Blütenkörbchen besteht nur aus Zungenblüten.

Erkennen

- Höhe: 30–100 cm, Breite: 20 cm
- ein- oder zweijährig
- aufrecht wachsend
- die Pflanze führt Milchsaft
- rosettig angeordnete Grundblätter mit kleinen Fiederblättern
- die oberen Stängelblätter ähnlich, im Bereich des Blütenstandes aber kleiner, spitzer und ungefiedert
- der Stängel verzweigt sich etwa auf der halben Wuchshöhe zu einem lockeren Blütenstand, darunter trägt er wechselständige Blätter
- gelbe Korbblüten von Juni bis September, nur am Morgen geöffnet
- die Blütenkörbchen sind klein und bestehen aus wenigen Zungenblüten, wobei jede am Ende gezähnt ist
- flugfähige Samen

Nicht verwechseln

Bei flüchtigem Blick kann man die Blattrosette mit einer Knoblauchsrauke verwechseln, was nicht schlimm wäre, beide sind essbar. Der Rainkohl hat aber im Unterschied zur Knoblauchsrauke gefiederte Blätter.
Betrachtet man nur die Blütenköpfe, gibt es etliche ähnliche Korbblütler, die einen verzweigten Blütenstand haben. Da wäre zum Beispiel der Wiesen-Pippau, dessen Stängelblätter aber nach unten gerichtete Zähne aufweisen. Das Ferkelkraut hat löwenzahnähnliche Grundblätter und einen bis auf wenige Schuppenblätter unbelaubten Stängel. Der Mauerlattich schließlich zeigt scharf gezähntes und stärker gefiedertes Laub. Zum Glück ist keine dieser Pflanzen giftig.

Jäten

Die Blattrosetten lassen sich gut weghacken, wo sie flächig wachsen. Hocken sie vereinzelt zwischen den Gartenpflanzen, umfasst man die Blätter möglichst bodennah und dreht den Rainkohl heraus. Mit Erscheinen des Blütenstängels geht es noch einfacher, da muss man sich noch nicht einmal bücken. Einfach den Stängel greifen und an der Pflanze ziehen. Wichtig ist das Entfernen vor der Samenreife, dann können alle Teile auf den Kompost.

Ernten

Im Frühjahr sind die Blattrosetten den Winter über gut gewachsen und können geerntet werden. Solange der Blütenstängel noch nicht anfängt, sich zu zeigen, sind die Blätter noch schön zart und nicht übermäßig herb. Sie schmecken wie Salat, sind jedoch ein bisschen bitter, aber das kennt man ja vom Chicorée. Mit der Entwicklung des Blütensprosses wird der Geschmack immer bitterer, daher wird der Rainkohl nur im Frühjahr verwendet.
Roh ist das Laub dann gut zu verwenden und ergibt eine leckere Zutat zu Salaten. Doch auch gegart sind die Blätter empfehlenswert, ob als Suppenzutat, im Omelett, Smoothie oder als Füllung für Gemüsestrudel und Aufläufe.
Die gelben Blütenköpfe verpassen Gerichten optisch den letzten Schliff, allerdings werden nur die Blütenblätter ohne den grünen Blütenboden verwendet, da auch er Bitterstoffe enthält.

Eine Jungpflanze in einer Pflasterfuge.

RAINKOHL-KNÖDEL MIT RAHMCHAMPIGNONS

Die raffinierte Note des Rainkohls trifft auf Hausmannskost und das Ergebnis ist: lecker!

ca. 45 Minuten
Für 4 Portionen

Für die Knödel:

5 Weizenbrötchen (vom Vortag) | 200 ml Milch

3 Handvoll Rainkohlblätter | 1 Schalotte

2 Eier | 1 gestrichener TL Salz | ½ gestrichener TL Pfeffer

Für die Rahmchampignons:

500 g Champignons | 1 Schalotte

2 EL Rapsöl | Salz, Pfeffer | 1 Becher Sahne (200 g)

- Brötchen fein würfeln und in eine Schüssel geben. Die Milch erhitzen, darübergießen und 15 Minuten ziehen lassen.
- Den Rainkohl verlesen, waschen, trockenschleudern und fein hacken. Schalotte schälen und fein würfeln.
- Brötchenmasse mit den Eiern, dem Rainkohl, der Schalotte sowie 1 gestrichenen TL Salz und dem Pfeffer sehr gut mit den Händen verkneten und 8 Knödel formen.
- In einem großen Topf reichlich Salzwasser aufkochen, die Knödel hineingeben und bei schwacher Hitze 8–10 Minuten ziehen lassen, bis sie nach oben steigen.
- Inzwischen die Champignons putzen und je nach Größe vierteln, halbieren oder in Streifen schneiden. Die Schalotte schälen und fein würfeln.
- Öl in einer Pfanne erhitzen und die Champignons darin unter Wenden kräftig anbraten. Die Temperatur etwas herunterdrehen und die Zwiebelwürfel glasig mitbraten. Salzen und pfeffern. Sahne angießen, kurz aufkochen lassen und mit den abgetropften Knödeln servieren.

RAINKOHL-GEMÜSE

Dieses Gemüse begeistert mit seinem ungewöhnlichen, aromatischen Geschmack und eignet sich wunderbar als Beilage zu Kurzgebratenem.

ca. 15 Minuten
Für 2 Portionen

5 Handvoll junge Rainkohlblätter | 1 Zwiebel | 1 Knoblauchzehe

2 EL Butter | 50 g Speckwürfelchen | 50 ml Gemüsebrühe | 150 g saure Sahne

Salz, Pfeffer | 2 EL Parmesankäse, frisch gerieben

- Den Rainkohl verlesen, waschen, trockenschleudern und gegebenenfalls grob hacken. Zwiebel und Knoblauchzehe schälen und fein würfeln.
- Butter in einem Topf erhitzen, Zwiebeln, Knoblauchzehe und Speckwürfelchen kurz darin anbraten, Rainkohl dazugeben und zusammenfallen lassen, mit der Gemüsebrühe ablöschen, saure Sahne dazugeben und ca. 5 Minuten ziehen lassen.
- Mit Salz, Pfeffer und Parmesankäse abschmecken und servieren.

RAINKOHL-KARTOFFEL-PFANNE

Dieses Pfannengericht mit besonderem Aroma wird mit dem leckeren Dip zu einer einfachen und leichten vegetarischen Hauptmahlzeit.

ca. 45 Minuten
Für 4 Portionen

Für die Kartoffelpfanne:

800 g festkochende Kartoffeln

1 Zwiebel | 1 kleiner Zweig Rosmarin | 4 Handvoll Rainkohlblätter

2 EL Olivenöl | 1 TL Salz | ½ TL Pfeffer

Für den Dip:

1 Knoblauchzehe | ¼ unbehandelte Zitrone

150 g Joghurt (3,5 % Fett) | Salz, Pfeffer | 1 Prise Piment d'Espelette

- Die Kartoffeln in der Schale 20–25 Minuten garen, pellen und in dünne Scheiben schneiden.
- Die Zwiebel schälen und fein würfeln. Den Rosmarin waschen und trockentupfen, Nadeln vom Zweig ablösen und fein hacken. Den Rainkohl waschen, trockenschleudern und grob hacken.
- Öl in einer großen, beschichteten Pfanne erhitzen, Kartoffelscheiben darin anbraten, Zwiebel und Rainkohl dazugeben und kurz mitbraten, mit Salz, Pfeffer und Rosmarin würzen.
- Für den Joghurt-Dip die Knoblauchzehe schälen und fein hacken. Zitrone heiß abwaschen, trocknen und die Schale abreiben.
- Joghurt mit Knoblauch, Zitronenschale, Salz, Pfeffer und Piment d'Espelette würzen und als Dip zu den Rainkohl-Kartoffeln servieren.

RAINKOHL-SALAT MIT GERÖSTETEN CROUTONS

Im frühen Frühling ist der Rainkohl ganz zart, mit leichter Bitternote und schmeckt toll als Salatzutat. Die Croutons sind ein knuspriges Topping für diesen außergewöhnlichen Salat.

ca. 20 Minuten
Für 4 Portionen

Je 2 Handvoll junge Rainkohl- und gemischte Salatblätter | 1 Schalotte | ½ Knoblauchzehe

2 EL Himbeer-Essig | 1 EL Honig | 1 TL Senf | 1 TL Salz | 1 Prise Pfeffer | 2 EL Rapsöl

2 Scheiben Toastbrot | 4 EL Butter

- Die Rainkohl- und Salatblätter verlesen, waschen, trockenschleudern und gegebenenfalls kleiner zupfen. Schalotte und Knoblauchzehe schälen und sehr fein würfeln.
- Essig, Honig und Senf verrühren, mit Salz und Pfeffer würzen und das Öl unterrühren, Zwiebel und Knoblauch untermischen.
- Das Toastbrot in kleine Würfel schneiden. Die Butter in einer Pfanne erhitzen und die Toastbrotwürfel zugeben. Unter ständigem Wenden goldbraun braten.
- Kurz vor dem Servieren den Salat mit der Vinaigrette mischen und die Croutons darübergeben.

PUTENRÖLLCHEN IN FRISCHKÄSE-RAINKOHL-SOSSE

Super saftige und sehr zarte Putenröllchen, die in einer würzigen Frischkäse-Rainkohl-Soße baden: ein Genuss für die ganze Familie. Servieren Sie Reis oder Baguette dazu und das Essen ist perfekt.

ca. 60 Minuten
Für 4 Portionen

800 g Putenfilet | 8 Scheiben Bacon | 8 Zahnstocher

3 EL Rapsöl | 1 TL Salz | 1 TL Pfeffer | 1 Prise Muskatnuss

1 Handvoll Rainkohl-Blätter | 200 ml Milch | 200 ml Frischkäse | 1 TL Senf | Salz, Pfeffer

- Die Putenfilets waschen, trockentupfen, in 8 dünne „Schnitzel" schneiden und aufrollen, mit je einer Scheibe Bacon umwickeln und mit einem Zahnstocher fixieren. Backofen auf 175 °C (Ober-/Unterhitze) vorheizen.
- 2 EL Öl in einer großen Pfanne erhitzen und die Putenröllchen darin von allen Seiten anbraten. Herausnehmen, mit Salz, Pfeffer und frisch geriebener Muskatnuss würzen und in eine gefettete Auflaufform legen. Im Backofen auf mittlerer Schiene 20 Minuten backen.
- Inzwischen den Rainkohl waschen, trockenschleudern und fein hacken, mit Milch, Frischkäse und Senf verrühren und mit Salz und Pfeffer würzen. Nach den 20 Minuten Backzeit die Rainkohl-Soße über das Fleisch gießen und alles nochmals 25 Minuten im Backofen garen lassen. Mit einer Beilage nach Wahl servieren.

RAINKOHL-KARTOFFELSUPPE

Löffel für Löffel kann man bei dieser Suppe ein Aromawunder erleben. Der Rainkohl macht aus der deftigen, sättigenden Suppe etwas ganz Besonderes.

ca. 30 Minuten
Für 4 Portionen

500 g Kartoffeln

1 Stange Lauch | 2 Möhren | 1 Knoblauchzehe | 3 Handvoll Rainkohlblätter

2 EL Butter

1 l Gemüsebrühe

100 ml Sahne | 50 ml Weißwein | Salz, Pfeffer | Muskatnuss

- Die Kartoffeln schälen, klein schneiden und in Salzwasser in ungefähr 15 Minuten garen.
- In der Zwischenzeit den Lauch waschen, die Möhren schälen und beides klein schneiden. Den Knoblauch schälen und fein hacken, den Rainkohl waschen, trockenschleudern und grob hacken.
- Die Butter in einem großen Topf erhitzen und zuerst kurz den Knoblauch, dann das Gemüse und den Rainkohl darin für einige Minuten dünsten.
- Die Kartoffeln abschütten und mit dem Wildkräuter-Gemüse mischen, die Gemüsebrühe dazugeben und alles mit dem Stabmixer pürieren.
- Sahne und Wein dazugeben und mit Salz, Pfeffer und frisch geriebener Muskatnuss abschmecken und servieren.

VOGELMIERE – DIE VERKANNTE VITAMINBOMBE

Stellaria media

Eigentlich ist es eine Schande, das Wort Unkraut für die nette Vogelmiere zu verwenden, denn sie wird nie lästig und schmeckt ganz hervorragend. Sie ist so niedrig, dass sie es noch nicht einmal schafft, einen nennenswerten Schattenwurf auf ihre Nachbarpflanzen zu produzieren. Trotzdem wird sie oft gejätet und ist kulinarisch noch eher unbekannt, wenngleich sie es manchmal sogar bis in die Gemüseauslagen der Bioläden schafft.

Fans der Vogelmiere bauen sie gezielt an, so exquisit ist ihr feiner Geschmack nach jungem Mais. Aus Samen ist sie denkbar einfach heranzuziehen, schließlich gelingt ihr das Besiedeln von freien Flächen im Beet und in Kübeln – am liebsten auf nährstoffreichen, nicht zu trockenen Böden – ja auch von ganz alleine. Leider ist sie kein ausdauerndes Gemüse und stirbt nach der Samenreife ab, lässt aber immer genug Saat zurück, damit dem Genuss auch im nächsten Jahr nichts im Wege steht. Kommt man erst im Sommer auf den Geschmack, kann man die Pflanze auch über ihre Triebe vermehren, die abgezwackt und in Blumenerde gesteckt oft wieder anwachsen. Die Samen keimen schon im Herbst, was die Vogelmiere zu einem guten Bodendecker winterlicher Böden macht, welche ohne ihre schützende grüne Decke zu sehr der Witterung ausgesetzt wären.

Die kleinen, saftigen Blättchen sind zierend, hinzukommen winzige weiße Blüten, deren Markenzeichen die tief geteilten Blütenblätter sind, die aus 5 Stück scheinbar 10 machen. Sie erscheinen oft schon in milden Wintern.

Die Vogelmiere ist also ein durch und durch sympathisches, sehr leckeres Kraut – wenn man sie einmal probiert hat, wird man garantiert Fan.

Schon gewusst?

Bei den wenig schmeichelhaften Trivialnamen ist die arme Vogelmiere ganz vorne dran: Hühnerdarm, Mäusegedärme und Hustdarm sollen uns aber nicht davon abhalten, sie einfach nur lecker zu finden!

Die fünf Blütenblätter sind tief geteilt.

Im Gegenlicht ist die einseitige Haarreihe am Stängel zu sehen.

Erkennen

- Höhe: 5–40 cm
- einjährig oder einjährig überwinternd
- die Pflanze wächst teppichartig mit oberirdischen Ausläufern
- Laubblätter gegenständig, spitz eiförmig, untere kurz gestielt, obere ohne Stiel
- der Stängel ist einreihig behaart
- weiße Blüten von etwa 10 mm Durchmesser mit 5 Blütenblättern, die tief geteilt sind, sodass es 10 zu sein scheinen
- bei Regen sind die Blüten geschlossen
- 5 Kelchblätter, länger als die Kronblätter
- violette Staubgefäße
- die Pflänzchen können das ganze Jahr über blühen

Der Acker-Gauchheil hat im Gegensatz zur Vogelmiere rote Blüten.

Nicht verwechseln

Bevor der Acker-Gauchheil sich durch seine leuchtend roten Blüten zu erkennen gibt, kann man seine Blätter mit denen der Vogelmiere verwechseln. Er gilt als leicht giftig, man merkt den Irrtum aber recht schnell am fehlenden Maisgeschmack.

Andere mit der Vogelmiere verwandte Pflanzen lassen sich nicht so einfach anhand der Blütenfarbe unterscheiden, sie blühen ebenfalls weiß. Da wäre zum Beispiel das Gewöhnliche Hornkraut mit ähnlichen Blüten, das aber ausgebreiteter wächst und behaarte Blätter zeigt. Auch der Stängel ist im Gegensatz zur Vogelmiere rundherum behaart. Das Acker-Hornkraut hat längere, nicht so rundliche Blätter und größere Blüten, die mehr Substanz haben als die der Vogelmiere. Hornkräuter sind zum Glück essbar, aber weniger schmackhaft. Das beste Erkennungsmerkmal der Vogelmiere ist die einseitige Haarreihe an den Stängeln, die man im Gegenlicht betrachtet leicht erkennt.

Jäten

Die Vogelmiere wächst so oberflächlich, dass man sie leicht mit der Hacke entfernen oder mit der Hand jäten kann. Das kann man das ganze Jahr über wiederholen, denn in milden Wintern keimt sie genauso wie in Frühjahr und Sommer und schon wachsen immer wieder neue Pflanzen heran.
Nach dem Herausreißen sollte man alle Pflanzenteile von den gejäteten Bereichen fernhalten und kompostieren, da sonst eine Wiederbesiedlung durch Samen erfolgt. Nur wenn es trocken und heiß genug ist, kann man die gejäteten Triebe als Mulch liegenlassen. Bei ausreichend Feuchtigkeit wurzeln sie aber sofort wieder an.
Dauerhaft kann man der Vogelmiere den Spaß verderben, indem man mit einer dichten Bepflanzung dafür sorgt, dass sie keinen Platz mehr zum Keimen findet.

Ernten

Hat man sie einmal probiert, wird die Vogelmiere schnell zum Lieblingsgemüse und man möchte sie nicht mehr missen. Die jungen grünen Triebe, ob mit oder ohne Blüten und Samen, frisch vom Beet weg gegessen, schmecken herrlich nach jungem Mais. Auch im Salat sind sie daher gut aufgehoben. Viel Calcium, Kalium, Magnesium, Eisen sowie die Vitamine A, B und C sind in dem Kraut enthalten, sogar mehr als in Kopfsalat. Allerdings enthält die Pflanze auch Saponine und Kieselsäure, so dass man sie in Maßen genießen sollte.

Sämlinge der Vogelmiere.

KALTES GURKEN-JOGHURTSÜPPCHEN MIT VOGELMIERE

Eine Feinschmecker-Suppe, der die Vogelmiere das gewisse Etwas gibt. Perfekt für einen heißen Sommertag.

ca. 15 Minuten
Für 4 Portionen

1 Gurke

200 g saure Sahne | 350 g Joghurt | 5 EL Milch | ½ Zitrone

3 Handvoll Vogelmiere | 1 TL Salz | 1 Prise Pfeffer

- Die Gurke waschen, längs halbieren, Kerne ausschaben und die Hälften grob würfeln.
- Die Gurkenwürfel mit saurer Sahne, Joghurt und Milch in ein hohes Gefäß füllen und mit einem Stabmixer fein pürieren. Die Zitrone auspressen.
- Die Vogelmiere waschen, trockenschleudern, fein hacken und unter die Suppe rühren, mit Salz, Pfeffer und Zitronensaft abschmecken und bis zum Servieren kalt stellen.

VOGELMIEREN-KARTOFFELSALAT

Diese Variante des guten alten Kartoffelsalats wird durch das wilde Grün der Vogelmiere raffiniert. Servieren Sie ihn doch mal bei Ihrer nächsten Grillparty.

ca. 90 Minuten
Für 4 Portionen

800 g festkochende Kartoffeln

100 ml Gemüsebrühe | 3 EL Kräuteressig | 5 EL Olivenöl | Salz | 1 Prise Pfeffer

½ Salatgurke

50 g saure Sahne

3 Handvoll Vogelmiere

- Die Kartoffeln mit Schale in Salzwasser 20–25 Minuten garen, ausdampfen lassen, noch warm pellen und in Scheiben schneiden.
- Die Gemüsebrühe erhitzen, mit Essig und Öl verrühren, mit 1 TL Salz und einer Prise Pfeffer würzen, mit den Kartoffeln mischen und 1 Stunde ziehen lassen.
- Währenddessen die Salatgurke schälen, hobeln, mit ½ TL Salz bestreuen und mindestens 30 Minuten ziehen lassen.
- Die nassen Gurkenscheiben ausdrücken und mit der sauren Sahne unter die Kartoffeln mischen.
- Die Vogelmiere waschen, trockenschleudern, fein schneiden und unterheben.
- Den Kartoffelsalat nochmals abschmecken und servieren.

BUNTE FRITTATA MIT VOGELMIERE

Durch Vogelmiere und Tomaten wird diese Frittata schön bunt und der Fetakäse macht sie nochmal würziger. Alles zusammen ergibt ein schmackhaftes, einfaches und schnelles Familienessen.

ca. 25 Minuten
Für 4 Portionen

3 Handvoll Vogelmiere | 50 g Parmesankäse | 150 g Fetakäse

6 Eier | Salz, Pfeffer

4 Tomaten | 3 EL Rapsöl | je 1 Prise Salz und Zucker

- Die Vogelmiere waschen, trockenschleudern und fein schneiden. Den Parmesankäse reiben, Fetakäse grob zerbröseln.
- Die Eier in einer Schüssel mit ½ TL Salz und einer großen Prise Pfeffer verquirlen, Vogelmiere, Parmesan und Fetakäse unterrühren.
- Die Tomaten waschen, würfeln und in einer großen beschichteten Pfanne in 3 EL Öl 3 Minuten dünsten, mit je 1 Prise Salz und Zucker würzen.
- Die Eiermischung darübergießen und bei mittlerer Hitze 10 Minuten stocken lassen, auf einen großen Teller gleiten lassen, in Stücke schneiden und warm oder kalt servieren.

VOGELMIEREN-DIP

Egal ob zu Fleisch, Rohkost oder zum Brot: Dieser Dip ist ein geschmacklicher Hochgenuss und lässt sich prima vorbereiten.

ca. 15 Minuten (plus einige Stunden zum Durchziehen)
Für 8 Portionen

400 g Weißbrot | 200 ml Milch

1 Knoblauchzehe | 1 Zitrone

200 g Mandeln | 1 TL Salz | 1 Prise Pfeffer | 1 Prise Piment d'Espelette (oder Chilipulver) | 1 TL Honig | 3 EL Olivenöl

3 Handvoll Vogelmiere

- Das Weißbrot würfeln und in einem hohen Gefäß in der Milch einweichen.
- Die Knoblauchzehe schälen und grob hacken. Die Zitrone auspressen.
- Das eingeweichte Weißbrot mit der Knoblauchzehe, dem Zitronensaft und den Mandeln mit einem Stabmixer pürieren. Mit Salz, Pfeffer, Piment d'Espelette und Honig würzen und das Öl langsam unter das Püree rühren.
- Die Vogelmiere waschen, trockenschleudern, fein schneiden und unterheben.
- Im Kühlschrank mindestens einige Stunden, gerne über Nacht ziehen lassen und als Dip oder Brotaufstrich genießen.

VOGELMIEREN-DESSERT IM GLAS

Die Vogelmiere ist auch für süße Schleckermäulchen geeignet. Ihre Gäste werden Augen machen, wenn Sie dieses grüne Dessert servieren.

ca. 15 Minuten
Für 6 Portionen

2 Handvoll Vogelmiere | 250 g Mascarpone | 50 g Honig

250 g Sahne | 1 Päckchen Vanillinzucker | 250 g Magerquark | 1 EL Zitronensaft, frisch gepresst

1 Paket Schokoladenkekse (150 g)

- Die Vogelmiere verlesen, waschen, trockenschleudern und mit Mascarpone und Honig in einem hohen Gefäß mit einem Stabmixer pürieren.
- Die Sahne mit Vanillinzucker steif schlagen, mit dem Quark und dem Zitronensaft unter die grüne Mascarpone rühren.
- Die Kekse zerbröseln und die Hälfte der Masse auf 6 Gläser verteilen, eine Schicht Creme einfüllen, die restlichen Kekse darüber schichten und mit der übrigen Creme abschließen. Bis zum Servieren kühl stellen.

VOGELMIEREN-GEMÜSEFRIKADELLEN

Statt in die Frühstücksschale kommen die Haferflocken hier zusammen mit Gemüse und Vogelmiere in die Pfanne. Klingt außergewöhnlich? Passt aber prima, zum Beispiel als farbenfrohe Begleitung zu einem Salat.

ca. 30 Minuten
Für 4 Portionen

500 g gemischtes Gemüse (z. B. Möhren, Paprika, Zucchini, Sellerie) | 1 EL Zitronensaft

250 ml Gemüsebrühe

1 Zwiebel | 2 Handvoll Vogelmiere

2 Eier | 5 EL Haferflocken | 1 TL Salz | ½ TL Pfeffer

3 EL Rapsöl

- Das Gemüse, je nach Sorte, waschen, schälen, entkernen und auf der Gemüsereibe grob raspeln. Mit dem Zitronensaft beträufeln.
- Gemüsebrühe in einem Topf aufkochen lassen, das vorbereitete Gemüse dazugeben und 3 Minuten bissfest kochen, die Flüssigkeit wegschütten, das Gemüse gut ausdrücken und in einer Schüssel abkühlen lassen.
- Die Zwiebel schälen und fein würfeln. Die Vogelmiere verlesen, waschen, trockenschleudern und fein hacken.
- Das Gemüse mit Zwiebel, Vogelmiere, Eiern und Haferflocken vermischen und mit Salz und Pfeffer würzen.
- Das Öl in einer beschichteten Pfanne erhitzen, aus der Gemüsemasse mit feuchten Händen Frikadellen formen und bei mittlerer Hitze etwa 10 Minuten braten, dabei mehrmals wenden und servieren.

WEGERICHE – WILDE WEGELAGERER

Plantago major, P. lanceolata, P. media

An ihnen führt kein Weg vorbei, denn die strapazierfähigen Kräuter sind schon mitten drauf. Besonders der Breitwegerich liebt festgetretene Böden, wo andere Pflanzen unter dieser körperlichen Belastung aufgeben. Auch der Mittlere und der Spitzwegerich kommen gern im Rasen vor, wo sie mit Füßen getreten werden. Der Spitzwegerich ist der empfindlichste und weicht lieber auf wenig begangene Standorte oder ins Staudenbeet aus, ist aber immer noch hart im Nehmen.

Die Wegerich-Bande ist außerdem sehr trockenheitsverträglich und zusammen mit Klee und Habichtskräutern oft das letzte Bisschen Grün auf dem Rasen, wenn es den ganzen Sommer lang nicht regnen will.

Die Blüten sind recht unscheinbar. Der Breitwegerich ist die graue Maus unter den dreien und zeigt sich ganz in grün mit dürren, langen Blütenständen. Der Spitzwegerich ist schon hübscher, mit einem kurzen, walzenförmigen Blütenstand, der auf einem langen Stängel thront und sich mit weißen Staubgefäßen schmückt. Der Schönling aber ist der Mittlere Wegerich, der auffällige rosafarbene Blütenwuschel aus der Wiese streckt – dieser Anblick ist so prächtig, dass der Rasenmäher deswegen auch mal Pause machen kann. Die Blüten aller drei Arten werden von Insekten besucht, der Mittlere Wegerich ist der beliebteste: Sogar Hummeln sammeln hier Pollen.

Die Blattrosetten des Breit- und des Mittleren Wegerichs bestehen aus breiten Blättern. Sie ducken sich dicht am Boden, wo sie durch ihre große Fläche die Gräser verdrängen. Nicht so der Spitzwegerich: Er ist der Streber und streckt seine schmalen Blätter hoch in die Luft, wodurch er im Staudenbeet für seine Nachbarpflanzen etwas anstrengend wird.

Schon gewusst?

Spitzwegerich im Rasen ist nicht nur ein Quälgeist: Ein Blatt in der Hand zerrieben und auf einen Mückenstich aufgetragen lindert den Juckreiz im Nu.

Spitzwegerichblüten aus der Bienenperspektive.

Spitzwegerich.

Breitwegerich.

Erkennen

- Höhe: Breitwegerich 3–25 cm, Spitzwegerich 5–50 cm, Mittlerer Wegerich 15–50 cm
- ausdauernd
- Wurzeln lang
- alle drei Wegeriche bilden eine Blattrosette mit ganzrandigen, parallelnervigen Blättern
- der Breitwegerich legt seine Blätter dicht an den Boden an, sie sind breit löffelartig
- der Spitzwegerich hat schmale, lange Blätter, die nach oben gestreckt werden
- das Laub des Mittleren Wegerichs ähnelt eher dem des Breitwegerichs, ist aber schmaler
- Blüte zwischen Mai oder Juni bis September
- der Breitwegerich blüht unscheinbar grün, er hat einen lang gestreckten, walzenförmigen Blütenstand, bei Samenreife verfärbt er sich braun
- der Mittlere Wegerich hat einen lang gestielten, auffälligen Blütenstand mit rosafarbenen Staubgefäßen
- der Spitzwegerich bildet einen schwarzen Blütenstand mit weißen Staubgefäßen, der am Ende eines langen Stängels erscheint

Nicht verwechseln

Hier muss man einmal nicht so genau hinschauen und kann ganz entspannt an die Sache herangehen: Einen Wegerich kann man nur mit einem anderen Wegerich verwechseln, die ganze Sippe unterscheidet sich ohne Blüten nur in der Breite ihrer Blätter. Die parallel verlaufenden Blattadern sind ein gutes Erkennungsmerkmal. Im Garten kann man einen Breitwegerich aus dem Augenwinkel betrachtet höchstens mal mit einer kleinwüchsigen Funkie verwechseln, aber spätestens, wenn anstatt wohlgeformter Glockenblüten nur etwas Grünes, Wurstförmiges aus der Blattrosette herauswächst, weiß man, dass man einen Wegerich vor sich hat und die Funkie kann erleichtert aufatmen.

Jäten

Der schöne Mittlere Wegerich darf gerne bleiben, wo er ist, immerhin ist er der seltenste des Trios und wächst nicht so häufig im Garten. Seine Blüten sind eine große Schau und auch bei Insekten beliebt. Der Spitzwegerich wird weggehackt oder mit den Fingern an der Basis umfasst und aus dem Boden gedreht. Der Breitwegerich lässt sich als kleine Pflanze genauso jäten, später muss man etwas gründlicher vorgehen, da er aus seiner Wurzel immer wieder austreibt. Im Rasen funktioniert am besten ein Unkrautstecher wie beim Löwenzahn. Samen bilden Wegeriche reichlich, sodass es sinnvoll ist, es gar nicht erst soweit kommen zu lassen.

Ernten

Die Wegeriche sind Heilpflanzen, besonders der Spitzwegerich ist in dieser Disziplin spitze. Der Saft der Blätter lindert Insektenstiche und Blasen an den Füßen. Kleingehackt und in Honig eingelegt bilden die Blätter einen Hustensirup. In der Küche verdingt sich das Laub im Frühjahr als Rohkost im Kräuterquark oder gekocht wie Spinat sowie in Omeletts und zu Rührei. Die Blätter werden immer quer geschnitten, da sie sonst zu faserig sind. Sie schmecken champignonartig. Die Knospen und Blüten sind köstlich im Salat, aber auch durchgegart in Gemüsegerichten. Die Samen lassen sich wie Leinsaat verwenden.

Mittlerer Wegerich.

SPITZWEGERICH-RÖLLCHEN

Eine leckere, wilde Variante der bekannten Yufka-Röllchen, die mit einem Joghurt-Dip eine tolle Vorspeise oder mit Dip und Salat ein leichtes Hauptgericht ergibt.

ca. 40 Minuten
Für 4 Portionen

1 Gemüsezwiebel | 2 EL Olivenöl | 3 Handvoll Spitzwegerichblätter

250 g Fetakäse | 50 ml Milch | je 1 Prise Salz, Pfeffer und Chilipulver

1 Paket Yufkateig-Blätter (250 g), aus der Kühltheke

1 Eigelb

- Die Gemüsezwiebel schälen, würfeln und 2 Minuten in einer Pfanne mit Öl andünsten. Den Spitzwegerich waschen, trockenschleudern, fein hacken, 2 Minuten mit in die Pfanne geben und unter Rühren mitdünsten.
- Den Fetakäse zerbröseln, mit der Milch verrühren, die Zwiebel-Spitzwegerich-Masse unterrühren und mit Salz, Pfeffer und Chili würzen. Den Backofen auf 200 °C (Ober-/Unterhitze) vorheizen.
- Die Yufkateig-Blätter auf die Arbeitsplatte legen, je 2 TL Feta-Mischung auf den unteren Blatthälften verteilen, dabei einen 2 cm Rand freilassen. Blätter einrollen, dabei die Seiten über die Füllung schlagen. Die Teigenden mit Wasser anfeuchten und fest einrollen.
- Das Eigelb verquirlen und die Yufka-Röllchen damit bestreichen, auf ein mit Backpapier ausgelegtes Backblech legen und auf mittlerer Schiene bei 200 °C 15–20 Minuten knusprig backen.

SPITZWEGERICH-MÖHREN-SUPPE

Möhrensuppe mal anders: Der Spitzwegerich bildet einen frischen, kräuterigen Kontrast zur Möhre. Gewürzt mit Muskatnuss und Zitrone wird aus der Suppe eine delikate Vorspeise.

ca. 25 Minuten
Für 4 Portionen

1 Schalotte | 250 g Möhren

2 EL Rapsöl | 250 ml Gemüsefond | 500 ml Milch

½ Zitrone

2 Handvoll Spitzwegerichblätter | 1 TL Salz | 1 Prise Pfeffer | 1 Prise Muskatnuss

- Die Schalotte schälen und würfeln, die Möhren schälen und in Stücke schneiden.
- Das Öl in einem Topf erhitzen und Schalotte und Möhren 2 Minuten andünsten, mit Gemüsefond und Milch ablöschen und 10 Minuten köcheln lassen.
- Die halbe Zitrone auspressen.
- Den Spitzwegerich waschen, trockenschleudern, fein hacken und 1 EL davon beiseite stellen. Den restlichen gehackten Spitzwegerich zur Suppe geben, mit Salz, Pfeffer, frisch geriebener Muskatnuss und Zitronensaft würzen, nochmals 5 Minuten ziehen lassen und mit einem Stabmixer pürieren.
- Die Suppe mit gehacktem Spitzwegerich-Topping servieren.

WILDKRÄUTER-SEELACHSFILET

Die fruchtige Marinade harmoniert toll mit dem Wildkräuteraroma und macht das Fischfilet unglaublich lecker. Die Kräuterkruste wird im Backofen super knusprig und das Filet extrem zart.

ca. 40 Minuten
(plus 2 Stunden Marinierzeit)
Für 4 Portionen

1 Handvoll Dostblätter | 1 Orange, unbehandelt | 5 EL Rapsöl | ½ TL Pfeffer

4 Seelachsfilets à 200 g | 150 g Weißbrot

2 Handvoll Spitzwegerichblätter | 1 gestrichener TL Salz

- Den Dost waschen, trockenschleudern und fein hacken. Die Orange waschen, die Schale abreiben und den Saft auspressen. Saft, Schalenabrieb, 3 EL Öl, Pfeffer und Dost gut verrühren.
- Die Seelachsfilets mit Wasser abspülen, gut trockentupfen und nebeneinander in eine Auflaufform legen. Die Orangenmarinade darübergeben, die Filets damit einreiben. Für mindestens 2 Stunden im Kühlschrank einwirken lassen. In der Zwischenzeit das Brot ganz fein zerbröseln.
- Den Spitzwegerich waschen, trockenschleudern, fein hacken, mit dem Brot und dem restlichen Öl vermischen und salzen. Den Backofen auf 200 °C (Ober-/Unterhitze) vorheizen.
- Die Kräuterpanade auf den marinierten Fischfilets verteilen und leicht andrücken. Die Filets im Backofen auf der mittleren Schiene ca. 20 Minuten garen und mit frischem Baguette und Salat servieren.

SPITZWEGERICH-SALAT

Die Röstaromen von Gemüse und Bacon treffen auf die fruchtige Note des Apfels und machen diesen Salat mit dem Spitzwegerich ausgesprochen spannend.

ca. 20 Minuten
Für 4 Portionen

1 Stange Lauch | 1 EL Rapsöl | 1 Prise Salz | 1 Prise Pfeffer

4 Scheiben Bacon

2 Handvoll Spitzwegerichblätter | 2 Äpfel

2 EL Weißwein-Essig | 1 TL Senf | 2 EL Rapsöl | je 1 Prise Salz, Pfeffer und Zucker

- Den Lauch waschen, in feine Ringe schneiden und 5 Minuten in einer Pfanne mit Öl andünsten, in eine Schüssel umfüllen und mit Salz und Pfeffer würzen.
- Den Bacon in der Pfanne ohne Öl beidseitig knusprig braten und auf Küchenpapier abtropfen lassen.
- Den Spitzwegerich waschen, trockenschleudern und quer zu den Blattadern in feine Streifen schneiden. Äpfel schälen, vierteln, das Kerngehäuse entfernen und die Viertel in feine Scheiben schneiden.
- Aus Essig, Senf und Öl ein Dressing mischen, mit Salz, Pfeffer und Zucker würzen und mit Spitzwegerich und Äpfeln vermischen.
- Die Lauchringe auf 4 Teller verteilen, die Spitzwegerich-Apfel-Mischung daraufgeben und mit je 1 Scheibe Bacon als Topping servieren.

SPITZWEGERICH-MINI-MUFFINS

Diese Mini-Muffins sind eine heiß begehrte Köstlichkeit auf dem Kaffeetisch – sie schmecken nicht nur hervorragend, sondern sind auch ein Augenschmaus!

ca. 45 Minuten (plus 30 Minuten zum Abkühlen)
Für 24 Mini-Muffins

Für den Muffinteig:

250 g Dinkelmehl Typ 630 | 2 TL Backpulver | 150 g Butter | 2 Riegel weiße Schokolade

50 g ganze Mandeln

3 Handvoll Spitzwegerichblätter

2 Eier | 200 g saure Sahne | 100 g Zucker

kleine Muffin-Papierförmchen

Für die Creme:

40 g Puderzucker | 80 g weiche Butter | 300 g Frischkäse

- Das Mehl mit dem Backpulver vermischen, die Butter schmelzen und die Schokolade fein reiben.
- Die Mandeln schälen, grob hacken, in einer Pfanne ohne Fett anrösten und zur Seite stellen.
- Den Spitzwegerich waschen, trockenschleudern und grob hacken.
- Eier, saure Sahne und Zucker in einer hohen Schüssel verrühren und mit dem Spitzwegerich mit einem Stabmixer pürieren. Mehl, Butter und geriebene Schokolade dazugeben und mit dem Handrührgerät zu einem glatten Teig verrühren. Den Backofen auf 180 °C (Ober-/Unterhitze) vorheizen.
- Ein Mini-Muffinblech mit Papierförmchen auslegen und bis zur Hälfte mit Teig füllen. Jeweils ½ TL gehackte Mandel daraufgeben.
- Im Backofen auf der mittleren Schiene ca. 10 Minuten backen, bis die Muffins am Rand leicht braun geworden sind, und auskühlen lassen.
- Für die Creme den Puderzucker mit der Butter schaumig rühren und mit dem Frischkäse vermischen. Mit einem Spritzbeutel die Creme auf die ausgekühlten Muffins spritzen und servieren.

KANDIERTE SPITZWEGERICHBLÄTTER

Die kandierten Spitzwegerichblätter können wunderbar die Spitzwegerich-Mini-Muffins oder andere beliebige Kuchen oder Desserts dekorieren. Das geht schnell und macht echt was her.

ca. 20 Minuten
Ergibt 24 kandierte Spitzwegerichblätter

24 schöne Spitzwegerichblätter

150 g Zucker | 50 ml Wasser

2 EL Puderzucker

- Den Spitzwegerich waschen, trockenschleudern und auf ein Backpapier legen.
- Den Zucker in das Wasser geben und unter Rühren langsam erhitzen, bis sich der Zucker vollständig aufgelöst hat.
- Mit einem Pinsel die Spitzwegerichblätter beidseitig mit der Zuckerlösung bestreichen, trocknen lassen und mit gesiebtem Puderzucker gleichmäßig überstreuen.

WILDKRÄUTER-POTPOURRI

Die neue Liebe zu den wilden Pflanzen feiern wir als krönenden Abschluss mit Rezepten, in denen sich mehrere Unkräuter gleichzeitig tummeln.

WILDKRÄUTER-PESTO

Dieses Pesto ist sehr wandlungsfähig, es lassen sich alle möglichen Wildkräuter – auch gerne gemischt – dazu verwenden.

ca. 20 Minuten
Für 4 Portionen als Hauptspeise zu Pasta

3 Handvoll Wildkräuter | 1 Knoblauchzehe

40 g Walnusskerne | 2 EL Parmesankäse

100 ml Olivenöl | 1 EL Zitronensaft, frisch gepresst | Salz, Pfeffer

- Die Wildkräuter verlesen, waschen, trockenschleudern und fein hacken. Die Knoblauchzehe schälen und fein würfeln.
- Die Walnusskerne (z. B. in einer Kaffeemühle) mahlen und den Parmesankäse fein reiben.
- Alle Zutaten mit dem Öl in einem hohen Gefäß mit dem Stabmixer pürieren, mit Zitronensaft, Salz und Pfeffer abschmecken und in ein Schraubglas füllen.
- Gut abgedeckt mit etwas Olivenöl hält sich das Pesto im Kühlschrank mehrere Wochen.

WIESEN-SMOOTHIE

Warum die Dinge komplizierter machen als sie sind? Probieren Sie mal diese einfache Kombination aus unserem regionalen Superfood – unseren Wildkräutern – und Obst, welches Sie sowieso zuhause haben.

ca. 10 Minuten
Für 4 Portionen

3 Handvoll Wildkräuter (z. B. Spitzwegerich, Löwenzahn, Giersch, Brennnessel) | 1 Apfel | 1 Orange

500 ml Apfelsaft | 200 g Naturjoghurt (3,5 % Fett) | 1 EL Zitronensaft, frisch gepresst | Honig nach Geschmack

- Die Wildkräuter verlesen, waschen und trockenschleudern. Den Apfel vierteln und das Kerngehäuse entfernen. Die Orange schälen und vierteln.
- Die Wildkräuter mit dem Obst, dem Apfelsaft und dem Joghurt in einem hohen Gefäß mit dem Stabmixer pürieren, mit Zitronensaft und gegebenenfalls etwas Honig abschmecken und servieren.

WILDKRÄUTER-QUARK

Dieser Kräuterquark ist ein Hit für die Wildkräutersaison im Frühling und Sommer und schmeckt zu gekochten oder gebackenen Kartoffeln, als Brotaufstrich und zum Dippen von Rohkost.

ca. 15 Minuten (plus 1 Stunde zum Durchziehen)
Für 6 Portionen

500 g Magerquark | 200 g Joghurt (3,5 % Fett) | 100 g saure Sahne

1 Knoblauchzehe | 1 Schalotte | 2 Handvoll Wildkräuter (z. B. Knoblauchsrauke, Giersch, Löwenzahn, Vogelmiere) | ½ unbehandelte Zitrone

1 TL Senf | 1 TL Salz | ½ TL Pfeffer | 1 Prise Piment d'Espelette (oder Chilipulver)

- Den Quark mit dem Joghurt und der sauren Sahne gut verrühren.
- Knoblauchzehe und Schalotte schälen und sehr fein hacken. Die Wildkräuter verlesen, waschen, trockenschleudern und fein hacken. Die Zitrone waschen und trocknen, die Schale abreiben und den Saft auspressen.
- Knoblauch, Schalotte, Wildkräuter, Zitronenabrieb und -saft sowie Senf zum Quark geben und verrühren, mit Salz, Pfeffer und Piment d'Espelette abschmecken und im Kühlschrank für mindestens 1 Stunde durchziehen lassen.
- Vor dem Servieren nochmals verrühren und abschmecken.

WILDKRÄUTER-PARMESAN-BUTTER

Zum gegrillten Steak, Baguette oder auch zu jungen Kartoffeln gehört eine selbst gemachte Kräuterbutter. Diese Variante mit Wildkräutern und Parmesan ist unvergleichlich lecker, schnell gemacht und lässt sich variieren, je nachdem, welche Wildkräuter gerade Saison haben.

ca. 20 Minuten (plus mindestens 1 Stunde zum Durchziehen)
Für 10 Portionen

2 Handvoll Wildkräuter (z. B. Knoblauchsrauke, Spitzwegerich, Löwenzahn, Giersch)

1 Knoblauchzehe | 40 g Parmesankäse (am Stück)

250 g Butter | 1 gestrichener TL Salz | 1 Prise Pfeffer

- Die Wildkräuter verlesen, waschen, trockenschleudern und fein hacken.
- Den Knoblauch schälen und fein hacken. Den Parmesankäse fein reiben.
- Die weiche Butter mit Wildkräutern, Knoblauch, Parmesan, Salz und frisch gemahlenem Pfeffer gut vermischen.
- Die Butter mindestens 1 Stunde ziehen lassen, damit sie ihren vollen Geschmack entfalten kann.

WAS SONST NOCH WUCHERT

Ein Unkraut kommt selten allein – und es gibt noch mehr Arten, die dem Garten gern einen Besuch abstatten. Hier finden Sie eine kleine Auswahl bekannter Störenfriede.

Ampfer

Sauerampfer ist lecker und begrüßenswert, die großblättrigen Arten wie der Krause und der Stumpfblättrige Ampfer aber machen sich ungebührlich breit. Sie wachsen am liebsten auf Wiesen, aber zur Not auch im Stauden- und Rosenbeet. Die lange Pfahlwurzel muss möglichst tief abgestochen werden, damit die Pflanze nicht wieder austreibt – denn dann entwickelt sie wie eine Hydra noch mehr Blattschöpfe als zuvor. Gejätet wird, bevor der reichliche Samenansatz zu vielen Ampfersämlingen führt.

Kanadisches Berufkraut

Während das Einjährige Berufkraut zierend und im Garten immer willkommen ist, wird das Kanadische so lästig, wie es unscheinbar ist. Obwohl an dem bis zu 1 m hohen Kraut viele weiße Blüten wachsen, ist jede einzelne so winzig, dass der Gesamteindruck eher als verlottert zu bezeichnen ist. Die einjährige Pflanze wächst in Pflasterfugen oder auf nicht allzu dicht bepflanzen Beeten, wo sie auch starker Dürre trotzt. Am besten vor der Blüte herausreißen, bevor sich Samen bilden.

Disteln

Ihre Puderquastenblüten sind hübsch und bei Insekten gern gesehen, aber das Laub der Disteln ist nicht gerade zuvorkommend, außer für die Raupen des Distelfalters. Viele Arten sind nicht ausdauernd und müssen durch Flugsamen immer wieder einwandern, doch die Acker-Kratzdistel mit den vielen rosafarbenen Blüten quartiert sich als ausläuferbildende Staude auf ewig im Garten ein. Die meterlange Pfahlwurzel wird am besten nach einem Regenschauer mit Handschuhen und einem Distelstecher gehoben.

Efeu

Ein volljähriger Efeu im Spätsommer ist nicht zu überhören, so sehr drängeln sich Schwebfliegen, Honig- und Efeu-Seidenbienen, Wespen und Tagfalter an den unscheinbaren Kugelblüten. Die schwarzen Beeren der Kletterpflanze mit den Haftwurzeln sind bis zum Frühling von Singvögeln verspeist – und landen mit einer Portion Dünger versehen im Beet, wo die Samen keimen. So kann der Efeu alles zuwuchern und daher müssen Sämlinge und die Triebe, die auch waagerecht am Boden wachsen, ausgerissen werden.

Ehrenpreis

Von Beruf Bodendecker mit kleinen, fein gezeichneten blauen Blüten – das sind der Persische und der Efeu-Ehrenpreis. Wo immer der Boden frei ist, etwa im Staudenbeet, im Gemüsegarten oder auf einem offenen Komposthaufen, keimen die Samen, die Jahrzehnte im Boden überleben. Die flachen Triebe breiten sich nach allen Seiten aus. Entfernen Sie Ehrenpreis mit der Hacke. Triebe mit Samen gehören nicht auf den Kompost, hier würden sie nur eine neue Samenbank bilden. Die Pflanzen sind essbar.

Fingerkräuter

Sie haben gelbe Blüten, ihre Finger überall drin und bilden Ausläufer. Das Gänsefingerkraut zeigt verdichteten, lehmigen Boden an und ist durch seine behaarten Blätter die graue Eminenz. Das Kriechende Fingerkraut hat fünfzählig gefingerte Blätter und erobert mit besonders langen Ausläufern an roten Stielen die Beete wie am Schnürchen. Man kann es als dekorativen, erdbeerähnlichen Bodendecker ansehen, der mühelos Flächen begrünt, oder muss ihm nachstellen und die Ausläufer ausrupfen.

Goldrute

Wenn eine Goldrute aus freien Stücken in den Garten kommt, dann ist es die eingeschleppte Kanadische. So schön und insektenfreundlich die sonnig-gelben Blütenstände auch sind, so sehr macht sie aber Boden gut mit Ausläufern und Samen. Empfindliche Nachbarpflanzen verschwinden bald. Auch in Naturschutzgebieten wird sie zur Plage. Die hoch wachsende Pflanze mit den Büscheln aus kleinen gelben Korbblüten wird vor der Samenreife gejätet, am besten mit dem Spaten. Die Stängel sind geschält essbar.

Hahnenfuß

Möchte man einen Hang lückenlos begrünen, ist der Kriechende Hahnenfuß mit den gelben Blüten das Kraut der Wahl. Im Staudenbeet sind andere Qualitäten gefragt, hier verdrängt er mit seinen Ausläufern und den dicht wachsenden, tief geteilten Blättern die Gartenpflanzen. Eben mal jäten funktioniert bei dieser giftigen Staude nicht, dazu wurzelt sie zu tief. Man muss sie abstechen, was im Beet mühsam ist. Am besten sucht man früh nach jungen Pflanzen, die man noch leicht herausziehen kann.

Hopfen

Von Bierbrauern geliebt, im Garten eher gehasst: Die windende Staude mit den hübschen Blättern fängt erst klein an und sät sich in den Beeten aus oder wandert durch Ausläufer ein. Jetzt heißt es aufpassen, bevor die Ranken die Rosen entdecken, sie umgarnen und verschatten. Jeder Trieb muss herausgerissen werden. Jungen Pflanzen wird man noch einfach Herr, ältere Pflanzen verschwinden nur durch andauerndes Abschneiden der Ranken. Der frische Austrieb im Frühjahr ist eine Delikatesse.

Klee

Kleeblätter im Rasen werden eher nicht als Glücksbringer wahrgenommen, obwohl sie Trockenheit besser vertragen als die Gräser. Besonders der niedrige Weißklee macht sich im Rasen breit, vor allem dann, wenn man sich schon länger das Düngen gespart hat. Durch oberirdische Ausläufer wird er immer breiter. Die Triebe sind so aber leicht zu fassen – einer sommerlichen Jäteparty steht also nichts im Wege. Auch Vertikutieren hilft. Und dann das Düngen des Rasens nicht vergessen! Weiß- und Rotklee sind essbar.

Kompass-Lattich

Er besiedelt Pflasterfugen ebenso wie Beete oder Töpfe, wo er einfach gejätet werden kann, bevor die zahlreichen Flugsamen reifen – Vorsicht, die Blätter sind bestachelt! Die Pflanze hat kleine gelbe Korbblüten in einem verzweigten Blütenstand und wächst kerzengerade. Sie gibt der Sonne „die Kante“: Bei Dürre richtet sie die hübsch geaderten Blätter mit der Kante anstelle der Blattfläche zur Sonne aus. Alles an der Pflanze ist essbar, aber sehr bitter. Nachtfalterraupen fressen am Laub.

Kreuzkraut

Im Garten erscheint vor allem das Gewöhnliche Kreuzkraut in nährstoffreichen Beeten und Pflasterfugen, eine kleine aufrecht wachsende Pflanze mit gelben Korbblüten, die wie Rasierpinsel aussehen. Sie sind schmal und bestehen meist nur aus Röhrenblüten, die von langen Hüllblättern mit schwarzer Spitze umfasst werden. Die Blätter sind gelappt. Der Fruchtstand enthält Flugsamen. Die einjährige, giftige Pflanze stört durch ihre geringe Größe von 10–30 cm Höhe selten und ist rasch gejätet.

Kletten-Labkraut

Es kann kletten und klettern: Dieses einjährige Labkraut ist sicherlich das anhänglichste Unkraut. Mit seinen Früchten und Stängeln bleibt es an der Kleidung hängen, um neue Orte zu besiedeln. Die Blüten sind weiß und winzig. Wie viele kleine Röckchen sind die Blätter kreisförmig um den vierkantigen Stängel angeordnet, der in andere Pflanzen hineinklettert. Im Herbst bleiben die vertrockneten Ranken wie Spinnweben zurück. Reißen Sie die Pflanze aus, wo sie stört. Sie ist essbar.

Moos

Moos möchte überall wachsen, wo es feucht ist, erträgt aber auch Dürre und wird nach dem nächsten Regen wieder grün. Vor allem im Rasen ist es lästig, da es die Gräser auf Dauer verdrängt. Fürs Osternest und zum Basteln von bepflanzten Moosbällen (Kokedamas) ist es aber nützlich. Im Rasen muss man es herausharken, dann vertikutieren, neu einsäen und regelmäßig düngen. Ist die Stelle zu verschattet, wird immer wieder Moos sprießen. Langfristig ist ein Staudenbeet dort die stressfreie Variante.

Nelkenwurz

Die Echte Nelkenwurz nervt. Die Staude sät sich stark aus und kann mit ihren kleinen gelben Blüten nicht recht überzeugen. Nach der Blüte entwickelt sich ein strubbeliger Fruchtstand, dessen Samen mit Widerhaken an der Kleidung haften bleiben und sich durch den Garten kutschieren lassen. Jungpflanzen lassen sich noch leicht mit der Hand entfernen, später braucht es die Hacke, da die Pflanze dann fest verwurzelt ist. Nelkenwurz ist essbar, die Wurzeln duften aromatisch nach Gewürznelken.

Sauerklee

Der zarte Horn-Sauerklee mit seinen kleinen rötlichen Blättern und den gelben Blüten sieht in Pflasterfugen einfach zu niedlich aus, kann aber mit seiner sprunghaften Saat, die er weit von sich wirft, bald auch in Gemüsereihen und Saatkisten auftauchen. Der Aufrechte Sauerklee ist die Bodentruppe im Beet und behindert die Gartenpflanzen. Da die Samenhülsen bei der kleinsten Berührung ihre Fracht verschießen, jätet man vor der Blüte. Sauerklee ist in Maßen essbar und lecker säuerlich.

Schachtelhalm

Wo der Acker-Schachtelhalm sich wohlfühlt, sehen Blumenbeet oder Rasen bald aus wie eine Fichtenschonung im Miniaturformat. Bevor sich aber die grünen Triebe zeigen, erscheinen im Frühjahr geisterhaft blasse Stängel mit braunen Sporenträgern. Wo er wächst, zeigt er Bodenverdichtung und Staunässe an, also nichts, auf das man als Gärtner stolz sein würde. Besser als ihm durch Jäten nachzustellen ist es daher, ihm durch Dränage des verdichteten Bodens den Spaß zu verderben.

Schaumkraut

Das Wiesen-Schaumkraut ist nicht schlimm, nur dem Behaarten Schaumkraut muss man nachstellen. Die einjährige Pflanze macht sich gerade im Frühjahr in Töpfen breit, wo sie trotz ihrer geringen Höhe die frisch gesäten Pflanzen mit ihrer Rosette aus gefiederten Blättchen in Not bringt. Die rosafarbenen Blüten sind winzig. Obacht, wenn die Samen reifen, denn sie hüpfen beim Berühren gleich in den nächsten Topf oder ins Beet. Daher vor der Samenreife jäten und essen, die Blätter sind scharf-würzig.

Schöllkraut

Ameisen sind die besten Kunden des zweijährigen Schöllkrauts. Sie futtern das am Samen klebende Anhängsel und verteilen die Saat nach dem Essen. Die Pflanze keimt im Halbschatten unter Sträuchern und an Mauern. Ist sie geknickt, sondert sie einen orangefarbenen Milchsaft ab, der die Haut lange färbt, trotz Schrubben. Deshalb beim Jäten Handschuhe tragen und die Pflanze mit einem Ruck aus dem Boden ziehen. Da Bienen die gelben Blüten mögen, sollte man aber immer ein paar stehen lassen.

Stinkender Storchschnabel

Die Storchschnäbel haben es zu Weltruhm in der Gartengestaltung gebracht. Die meisten Wildarten sind völlig harmlos, wäre da nicht der Stinkende Storchschnabel. Die tief geteilten, streng riechenden Laubblätter sind eher untypisch für ein *Geranium*, die rosafarbenen Blüten mit den violetten Streifen sind klein. Berüchtigt ist die starke Aussaat, durch die die einjährige Pflanze rasch den Garten besiedelt. Sie sollte akribisch vor der Samenreife gejätet werden. Das geht zum Glück einfach.

Weidenröschen

Ein paar unbewachsene Stellen im Beet oder Blumentopf, und schon sind die Weidenröschen da, auch im Schatten. Mit Flugsamen reisen sie auf gut Glück und finden so neue Plätze. Das Berg-Weidenröschen und das Kleinblütige Weidenröschen säen sich im Garten reichlich aus. Sie sind zierlich und fallen meist erst auf, wenn ihre rosafarbenen, winzigen Blüten erscheinen. Danach öffnen sich die Samenkapseln wie mit einem Reißverschluss und entlassen wollige Samen. Die kleinen Pflanzen sind rasch gejätet.

Winden

Im Garten ist vor allem die Zaunwinde lästig. Jede noch so kleine Staude erklimmt sie oder ringt sie in ihrem Würgegriff zu Boden. Auch Sträucher bieten eine willkommene Kletterhilfe, wo die Zaunwinde rasch obenauf ist und mit großen weißen Trichterblüten, die bei Hummeln begehrt sind, in die Welt hinaus trompetet, dass sie es wieder einmal geschafft hat. An den fragilen Wurzeln zu zerren nützt wenig, nur anhaltendes Kappen und Aushungern der oberirdischen Triebe bringt auf Dauer Erfolg.

Wolfsmilch

Die Sonnwend- und die Garten-Wolfsmilch sind Giftzwerge mit unscheinbaren grünen Blüten und verzweigen sich wie Miniatur-Bäume. Die Triebe führen Milchsaft. Die einjährigen Pflänzchen zeigen sich an Wegrändern, im Staudenbeet und auf brach liegenden Flächen, wo sie nicht viel Platz wegnehmen. Spatzen knabbern die Samen gern – sie kommen auch ganz bequem vom Boden aus an sie heran. Wo sie stört, ist die Wolfsmilch leicht mit der Hand gejätet, ohne Samen darf sie einfach am Boden liegen bleiben.

Zaunrübe

Die Zaunrübe mit der rübenähnlichen Speicherwurzel erscheint jedes Jahr wieder brav an ihrem Stammplatz. Sie hält sich mit Telefonschnur-Ranken an allem fest, was sich greifen lässt. Die weißen Blüten sind unscheinbar, aber die einzige Nahrung der Zaunrüben-Sandbiene. Männliche Pflanzen ziehen sich nach der Blüte in den Boden zurück, weibliche bilden rote, giftige Beeren, die von Vögeln verspeist werden. Junge Zaunrüben sind leicht gejätet, ältere müssen mit einem Spaten gehoben werden.

SERVICE

ZUM WEITERLESEN

Aichele, Dietmar; Schwegler, Heinz-Werner: **Die Blütenpflanzen Mitteleuropas Band 1–5.** 2. Auflage. Kosmos-Verlag, 2008.

Beiser, Rudi: **Unsere essbaren Wildpflanzen: Bestimmen, sammeln und zubereiten.** Kosmos-Verlag, 2014.

Bross-Burkhardt, Brunhilde: **Lob des Unkrauts: Wilde Pflanzen in Garten und Stadt – nützlich und schön.** Haupt-Verlag, 2015.

Fleischhauer, Steffen Guido; Guthmann, Jürgen: **Essbare Wildpflanzen: 200 Arten bestimmen und verwenden.** AT-Verlag, 2011.

Greiner, Karin: **Meine Wildpflanzen-Apotheke: 120 heilende Rezepte rund ums Jahr.** Verlag Eugen Ulmer, 2020.

Greiner, Karin: **Superfood Heimische Wildpflanzen: Power aus Garten, Wald und Wiese.** Verlag Eugen Ulmer, 2016.

Hansch, Susanne; Schwarzer, Elke: **Der Giersch muss weg.** Verlag Eugen Ulmer, 2019.

Partzsch, Monika; Cremer, Jürgen; Zimmermann, Gerda; Goltz, Horst: **Acker- und Gartenunkräuter: Mit Bestimmungsschlüsseln für: Samen, Keimpflanzen, blühende Pflanzen.** Agrimedia, 2006.

Schwarzer, Elke: **Heimische Pflanzen für den Garten.** 2. Auflage. Verlag Eugen Ulmer, 2019.

Schwarzer, Elke: **Mein Bienengarten.** 2. Auflage. Verlag Eugen Ulmer, 2020.

Schwarzer, Elke: **Mein Schmetterlingsgarten.** Verlag Eugen Ulmer, 2019.

Schwarzer, Elke: **Meise mag Melisse.** Verlag Eugen Ulmer, 2020.

DIE AUTORINNEN

Janine Hissel ist Kräuterpädagogin. Wanderungen zu jeder Jahreszeit und die Beobachtungen der Natur haben sie schon immer begeistert. Sie gärtnert in ihrem naturnahen Reihenhausgarten und freut sich immer wieder über die Ernte von Wildkräutern. Die Liebe zur Natur, ihre beruflichen und privaten Erfahrungen sowie Spaß und Freude am Kochen und Organisieren, am Dekorieren und an der Herstellung von Produkten aus und mit Wildkräutern haben im Laufe der Jahre zu ihrem umfangreichen Angebot an Kursen und Veranstaltungen geführt. Dazu zählen Kochevents und Wildkräuterwanderungen (www.wald-und-wiesenblumen.de) im Raum Aachen / Würselen.

Elke Schwarzer ist Diplom-Biologin und so oft es geht in der Natur unterwegs. Sie fotografiert Pflanzen und Insekten und gärtnert in ihrem Reihenhausgarten mit Kompost, torffreier Erde und ohne Pestizide. Über ihre Erlebnisse auf diesem überschaubaren Stück Grün bloggt sie regelmäßig auf www.guenstiggaertnern.blogspot.de, außerdem hält sie Vorträge über wildbienenfreundliche Gärten. Gegen den Giersch verwendet Frau Schwarzer mehrere Wunderwaffen, wie Bärlauch und Rauling, die Knoblauchsrauke darf an manchen Stellen blühen für die Aurorafalter, die regelmäßig in ihrem Garten Eier an der Pflanze ablegen. Für Ulmer hat sie schon mehrere Gartenbücher geschrieben, unter anderem die Bestseller „Der Giersch muss weg“ und „Meise mag Melisse“.

SCHNELL NACHGESCHLAGEN

Bildquellen

Alle Pflanzenfotos stammen von Elke Schwarzer.
Alle Rezeptfotos und das Titelfoto stammen von Sylwia Gervais (www.syl-gervais.de) mit Ausnahme der folgenden:
Sabrina Sue Daniels (www.sabrinasue.de): S. 19, 29, 39, 47 und 59

Bibliografische Information der Deutschen Nationalbibliothek
Die Deutsche Nationalbibliothek verzeichnet diese Publikation in der Deutschen Nationalbibliografie; detaillierte bibliografische Daten sind im Internet über http://dnb.d-nb.de abrufbar.

1., korrigierter Nachdruck 2021
Wollgrasweg 41, 70599 Stuttgart (Hohenheim)
E-Mail: info@ulmer.de
Internet: www.ulmer.de
Projektleitung: Lisa Seibel
Konzept: Christine Hutschenreuther
Lektorat: Sabine Drobik
Herstellung und Satz: Stephanie Haun
Umschlag-Gestaltung: Antje Warnecke, nordendesign.de
Reproduktion: time:ray, Jettingen
Druck und Bindung: Firmengruppe Appl, aprinta Druck, Wemding
Printed in Germany

ISBN 978-3-8186-1273-3